어린이 미래기술 놀이터

박남제 · 최은선 글   원채은 그림

라희북스

머리말

> 일반 로봇과 인공지능 로봇의 구분, 블록체인의 작동원리, 양자 중첩, 얽힘, 결잃음, 탄소 포집 기술 등… 어른도 어려운 이 개념들을 우리 어린이들에게 가르칠 수 있다면? 학교 수업 시간에도 배우기 어려운 미래기술들, 재미있게 놀면서 배워볼까요?

이 책을 펼치신 순간, 여러분은 우리 어린이들과 함께 흥미진진한 미래로의 여행을 시작하신 것입니다. 이 책은 초등학교 학생, 특히 저학년 학생들이 놀이와 활동을 통해 미래기술을 쉽게 배우도록 설계되었습니다. 우리가 살아가는 세상은 빠르게 변화하고 있으며, 미래 기술은 우리의 일상에 깊숙이 자리 잡고 있습니다. 이제 아이들이 이 변화의 흐름을 자연스럽게 이해하고, 창의력과 호기심을 통해 탐구할 수 있도록 돕는 것이 우리의 과제입니다.

이 책은 미래기술과 연계된 세계 유명 소설과 동화를 시작으로 미래기술의 기초 개념을 다룬 후 다양한 활동으로 세부적인 개념을 자연스럽게 체득할 수 있습니다. 로보틱스, 블록체인, 양자 컴퓨팅, 녹색기술과 같은 첨단 기술을 놀이를 통해 배울 수 있도록 했습니다. 이 책이 특별한 이유는 바로 어린이의 눈높이에 맞춘 학습법을 제시하기 때문입니다. 그림 그리기, 색칠하기, 오리고 붙이기, 스티커 놀이, 길 찾기, 학습 게임 등의 활동은 아이들이 재미있게 참여할 수 있도록 도와줍니다.

로보틱스 단원에서는 아이들이 현대 기술을 소설과 연결해 사고하고, 로봇의 구조와 작동 원리를 이해하며, 자신만의 로봇을 상상해 볼 수 있습니다. 블록체인 단원에서는 동화를 통해 블록체인의 개념을 배우고, 작동 원리와 특징을 쉽게 익힐 수 있습니다. 양자 컴퓨팅 단원에서는 비트와 큐비트, 양자 중첩과 얽힘 등의 복잡한 개념을 종이접기, 구슬 만들기 활동을 통해 탐구합니다. 녹색기술 단원에서는 탄소 포집 기술 게임을 통해 환경 보호의 중요성을 깨닫게 됩니다.

이 책은 늘봄학교의 교사들, 방과 후 시간을 아이와 의미 있게 보내고 싶은 학부모들, 그리고 어린이에게 기술의 중요성을 알리고자 하는 모든 분들에게 유용한 도구가 될 것입니다. 아이들은 이 책을 통해 단순히 기술을 배우는 것을 넘어, 창의력과 논리적 사고 능력을 키우고, 미래 사회에서의 역할을 준비하게 될 것입니다. 우리 아이들이 이 책을 통해 미래기술을 배우며 성장하는 모습을 지켜보는 것은 무엇과도 바꿀 수 없는 기쁨입니다. 이 책이 우리 아이들과 함께하는 소중한 시간에 작은 도움이 되기를 바랍니다. 이제 미래기술의 세계로 함께 떠나볼까요?

저자 박남제, 최은선

목차

I 로보틱스

읽어보기	윙크하는 광대 인간 이야기	7
이해하기	로보틱스란?	12
활동하기1	로봇이 필요한 이유	17
활동하기2	로봇의 구조와 원리	20
활동하기3	로봇의 현재와 미래	24
활동하기4	우리 집에 필요한 로봇	28

II 블록체인

읽어보기	아기 돼지 삼 형제 이야기	33
이해하기	블록체인이란?	38
활동하기1	블록체인의 특징	42
활동하기2	블록체인의 작동원리	45
활동하기3	블록체인의 유형	51

III 양자 컴퓨팅

읽어보기	선물 아닌 선물 이야기	57
이해하기	양자 컴퓨팅이란?	64
활동하기1	비트와 큐비트	68
활동하기2	양자 컴퓨팅의 원리	71
활동하기3	양자 컴퓨터가 해결할 수 있는 문제	79

IV 녹색기술

읽어보기	마리 누나의 동생 찾아 3만 리 이야기	83
이해하기	녹색기술이란?	89
활동하기1	녹색기술이 필요한 이유	91
활동하기2	탄소 포집 기술 체험	93
활동하기3	올바른 쓰레기 분리배출	99
활동하기4	나도 할 수 있는 기후변화 대응	102

단원목표

- 소설의 내용을 현대의 기술 개념과 연결하여 사고할 수 있다.
- 로보틱스가 포함하는 분야와 역사 속 특징적인 로봇을 열거할 수 있다.
- 로보틱스가 우리 생활에 필요한 이유를 설명할 수 있다.
- 기본적인 로봇의 구조와 작동원리를 설명할 수 있다.
- 일반 로봇과 지능형 인공지능 로봇을 구별할 수 있다.
- 우리 집에 필요한 나만의 로봇을 묘사할 수 있다.

단원목차

읽어보기	윙크하는 광대 인간 이야기	7
이해하기	로보틱스란?	12
활동하기 1	로봇이 필요한 이유	17
활동하기 2	로봇의 구조와 원리	20
활동하기 3	로봇의 현재와 미래	24
활동하기 4	우리 집에 필요한 로봇	28

윙크하는 광대 인간 이야기

아주 먼 옛날 중국 주나라에는
아주 힘이 센 왕이 있었어요.

이 왕은 주나라 주변에 있는
나라들을 정복하러 다니곤 했죠.
이날도 많은 군사를 데리고
한 마을을 공격하려던
참이었어요.

자신들의 마을을 공격할까 두려웠던 마을 사람들은
평소에 재주를 잘 부리던 '언사'를 왕에게 바치고
자신들을 살려달라고 했어요.

"우리 마을에 제일 가는 재주꾼 언사랍니다.
이 언사가 부리는 재주를 재미있게 보시고
부디 우리를 공격하지 말아 주세요."

"호오.... 그렇단 말이지. 그래 그럼 한번 보자.
네가 잘 할 수 있는 것이 무엇이냐?"

언사는 왕 앞에 용기 있게 나섰어요.

"왕이 명령만 하시면 다 할 수 있습니다.
우선, 제가 만든 광대 인간부터 한번 보시겠습니까?
제가 만든 것이니 진짜 사람은 아닙니다."

왕은 가지고 있던 창을 거두고 흥미로운 표정으로 말했어요.

"광대 인간? 그것참 재미있겠구나.
그래 어디 한번 가져와 보아라."

언사는 바로 자신이 만든 광대 인간을 가지고 와서
이렇게 명령했어요.

"광대 인간아,
노래를 불러 보아라!"

광대 인간은 언사의 명령에 따라
멋진 노래를 불렀어요.

언사는 또 명령했어요.

"광대 인간아,
춤을 춰 보아라!"

광대 인간은 이번에는
손을 흔들며
멋지게 춤을 췄어요.

이 모습이 신기했던 왕은 자신의 다른 신하들에게도 이 장면을 보여주고 싶었어요. 광대 인간은 왕의 신하들에게도 가서 노래를 부르고 춤을 추었지요.

그런데 이때, 광대 인간이 왕이 아끼는 신하에게 윙크를 하는 모습을 본 왕은 화가 머리끝까지 났어요.

"이것들이 나를 속여? 윙크를 하다니, 이거 사람이잖아!"

언사는 깜짝 놀라 허둥지둥 광대 인간을 부수어 안을 보여주었어요.

"그럴 리가요! 아닙니다! 이것 좀 보세요!"

광대 인간은 나무에 가죽을 덧대고 색칠해서 만든 인형이었어요.
이를 본 왕은 크게 놀라며 언사의 재주를 칭찬했답니다.

이 이야기는 중국의 소설 『목천자전』의 긴 이야기 속
광대인간을 만든 언사의 이야기를 여러분들에게 소개한
것이랍니다. 사람은 아니지만 사람처럼 보이며, 춤을 추고,
노래를 부르는 광대 인간은 현대의 로봇과 비슷하지요?
그리고 이 광대 인간을 만든 언사는
지금의 로봇공학자라고 할 수 있겠네요!

로보틱스란?

 로보틱스는 이런 것들을 말해요.

아래의 그림들을 색칠하고, 그림을 설명한 부분의
흐린 글자를 따라 써보며 로보틱스에 대해 알아보아요.

어떤 로봇이 만들어지면 좋을지 연구해요.

로봇을 만들어요.

고장 난 로봇을 고쳐요.

로봇으로 문제를 해결해요.

그림을 색칠해보세요~

로봇은 언제부터 시작되었을까요?

기계가 스스로 일하게 되면 주인들은 더 이상 인간 하인이 필요 없을 것이다.

아리스토텔레스(기원전 384~322년)

왼쪽의 사진을 보고 오른쪽 설명에서 흐린 부분을 따라 써보며 로봇의 역사를 알아보아요.

1 〈기원전 3세기〉 기원전 만들어진 로봇

자동 하인(출처: REUTERS)

자동 하인은 2,200년 전 비잔티움의 필론이라는 발명가가 만든 로봇이에요. 자동 하인은 가정부 복장을 하고 오른손에는 주전자를 들고 있어요. 사람이 자동 하인의 왼쪽 손바닥 위에 잔을 놓으면 와인을 부어준답니다.

2 〈1960년대〉 최초의 산업용 로봇

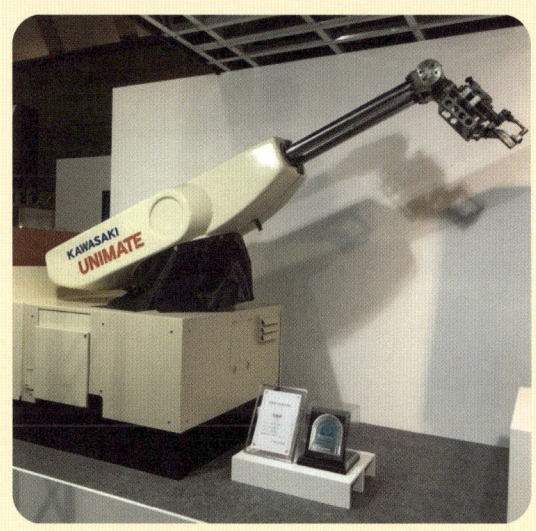
유니메이트(출처: Timetoast)

유니메이트는 1961년 미국의 발명가 조지 데볼과 조셉 엥겔버거가 고안한 첫 번째 산업용 로봇으로, 지루하거나 위험한 작업을 수행하는데 사용되었습니다. 이 로봇들은 자동차를 만드는 공장에서 제품을 옮기고 차량의 몸체를 용접하는 일을 했답니다.

3 〈1960~1970년대〉 최초의 인공지능 로봇

셰이키(출처: SRI)

셰이키는 1966년부터 1972년 사이에 인공지능 기술을 활용해서 만들어진 첫 번째 로봇입니다. 셰이키는 스스로 계획하고 결정해서 장애물을 피하며 자동으로 움직일 수 있답니다.

4 〈1990년대〉 최초의 강아지 로봇

아이보(출처: M+)

아이보는 1999년 일본의 전자 회사 소니에서 만들어진 세계 최초의 강아지 로봇이에요. 강아지 비글과 비슷한 모양으로 만들었다고 해요. 아이보는 꼬리를 흔들며 공을 따라다니고 발로 찰 수 있어요. 인사도 할 수 있고 넘어지면 다시 일어날 수도 있답니다.

5 〈2000년대〉 최초로 달리기에 성공한 로봇

아시모(출처: 과학학습콘텐츠)

아시모는 2000년 일본의 자동차 회사 혼다에서 만들어진 두 발로 걷는 로봇이에요. 이 로봇은 세계 최초로 두 발로 달리기에 성공한 로봇이에요. 어린아이 크기의 이 로봇은 작은 물건을 집어 올리고 계단을 오를 수도 있답니다.

로봇이 필요한 이유

 로봇은 왜 필요한가요?

가위로 아래 모양들을 잘라보아요.

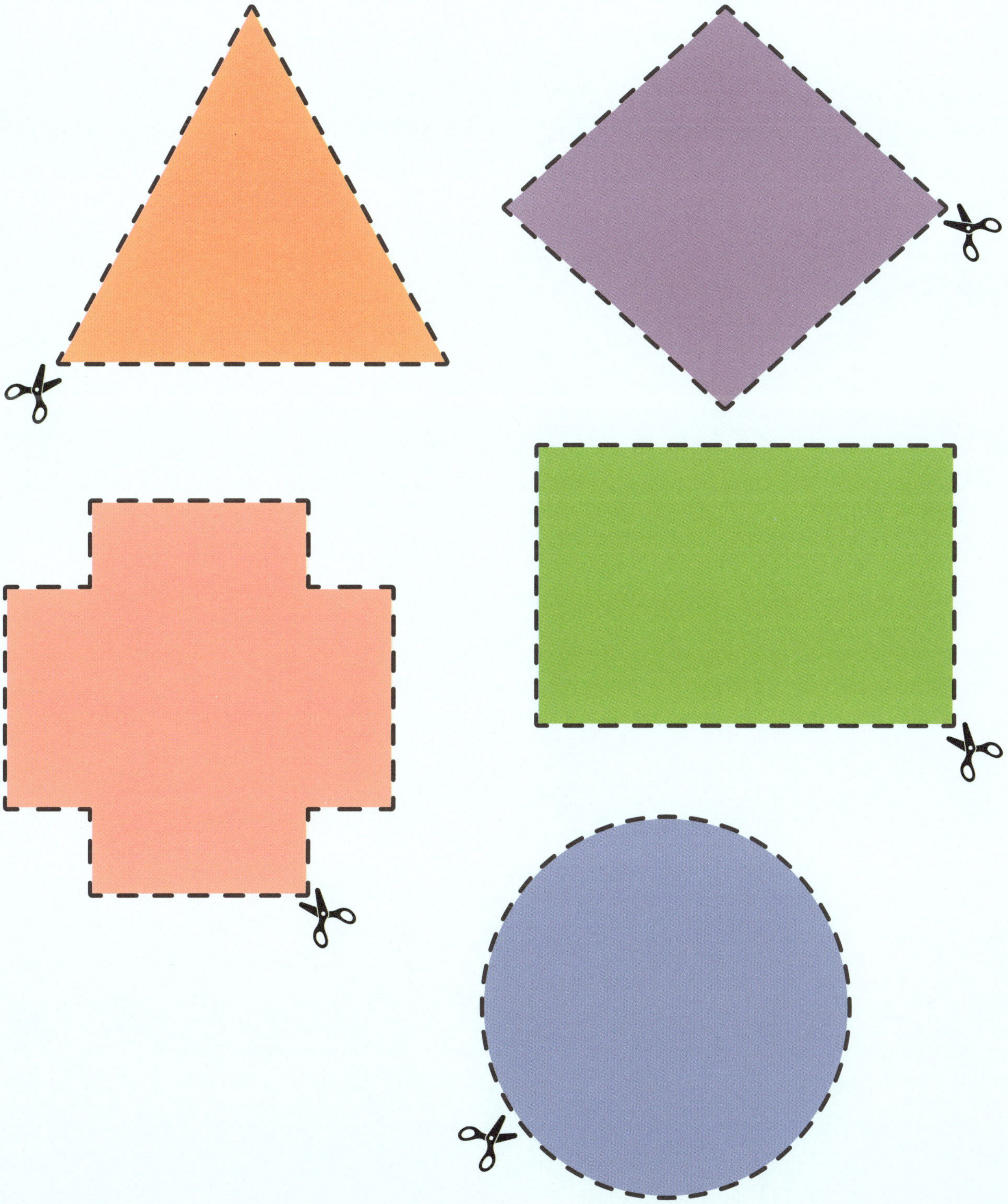

이 모양들을 똑같이 100개씩 만들려면 쉬울까요, 어려울까요?
여러분들의 생각을 적어보아요.

이 모양들을 가장 쉽고 빠르게 만드는 방법은 무엇이 있을까요?
여러분들의 생각을 적어보아요.

아래 글씨 중 흐린 부분을 따라 써보세요.

**로봇은 잠도 자지 않고 음식도 먹지 않고
아주 빨리 똑같은 모양들을 계속 만들 수 있어요.
로봇이 있다면 이런 문제 를 쉽게
해결 할 수 있겠죠?**

로봇의 구조와 원리

활동하기 2

로봇은 어떤 것들로 이루어져 있나요?

아래 글씨를 보고 알맞은 자리에 스티커를 붙여 보아요.

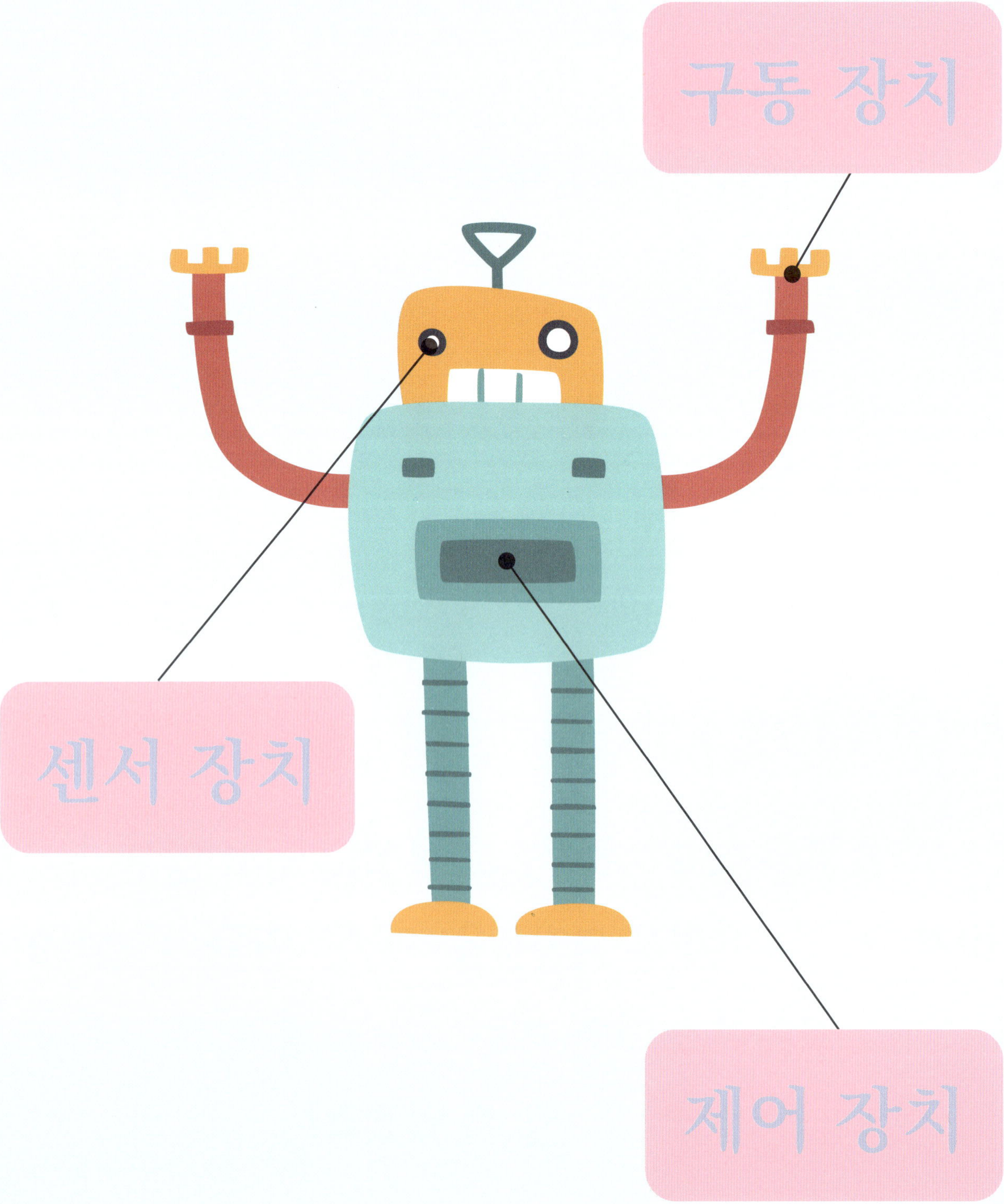

구동 장치
센서 장치
제어 장치

로봇은 어떤 원리로 움직이나요?

설명 중간의 흐린 글씨를 따라 쓰면서 로봇의 원리를 익혀요.

구동 장치

제어 장치에서 명령신호를 받아서 로봇을 움직여요.

센서 장치

로봇이 주변의 환경을 알아차리고 반응하게 해줘요.

제어 장치

다른 장치에 명령 신호를 보내고 동작을 지시해요.

로봇은 사람과 비슷하게 만들어졌어요. 아래 설명을 읽어봐요.

구동 장치 — 로봇이 앞으로, 뒤로, 옆으로 움직일 수 있게 사람의 팔과 다리 같은 역할을 해요.

센서 장치 — 로봇이 주위의 빛을 알아차리고 소리를 들을 수 있게 사람의 눈과 귀와 같은 역할을 해요.

제어 장치 — 센서 장치로부터 받은 정보를 받고 로봇이 무엇을 해야 할 지 결정할 수 있게 사람의 뇌와 같은 역할을 해요.

사람의 기관과 로봇의 장치를 연결해보아요.

로봇이 우체국까지 가야 해요. 블록으로 명령을 내려서 로봇이 우체국에 가장 빨리 도착할 수 있도록 도와주세요.

앗, 이런 방법이? 블록의 수가 적을수록 로봇이 더 빨리 도착할 수 있겠죠?

1. 블록을 골라요. 더 많은 블록은 105쪽에 있어요.

오른쪽으로   왼쪽으로   앞으로 가기   뒤로 가기

2. 다음 그림의 지도 위에 로봇이 가야하는 길을 따라 블록을 붙여요.

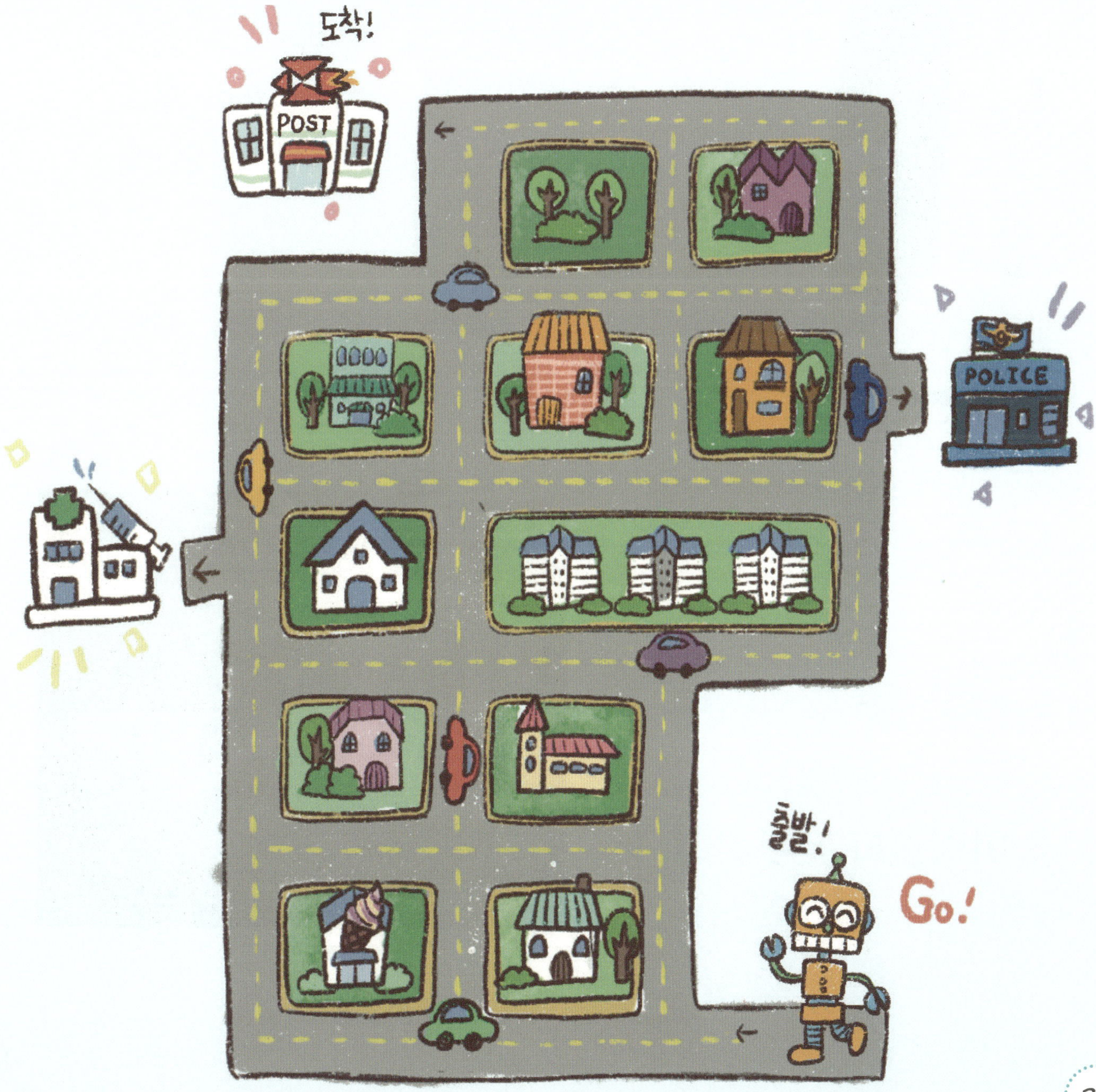

로봇의 현재와 미래

활동하기 3

 로봇에는 어떠한 유형이 있나요?

우리 주변에 있는 다양한 유형의 로봇을 알아보아요.

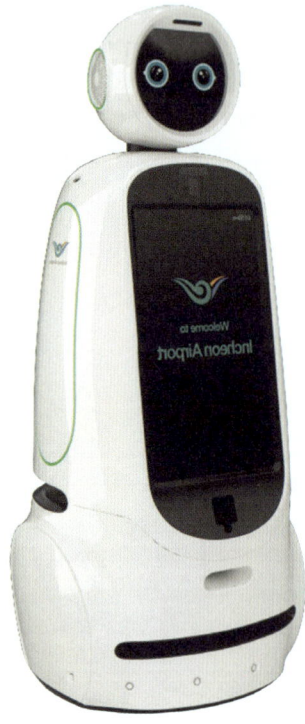

안녕? 나는 **안내 로봇**이야.
나는 공항에서 사람들에게 길을
알려주고 직접 데려다주기도 해.

출처: 3D models

안녕? 나는
바리스타 로봇이야.
나는 카페에서
커피를 만들어.

출처: 전자신문

출처: Safe Korea News

안녕? 나는 **소방 로봇**이야.
나는 사람이 들어가기 어려운 곳에 들어가 불을 끄는 역할을 해.

안녕? 나는 **의료 로봇**이야. 나는 의사 선생님을 도와 병원에서 사람들을 수술하는 일을 해.

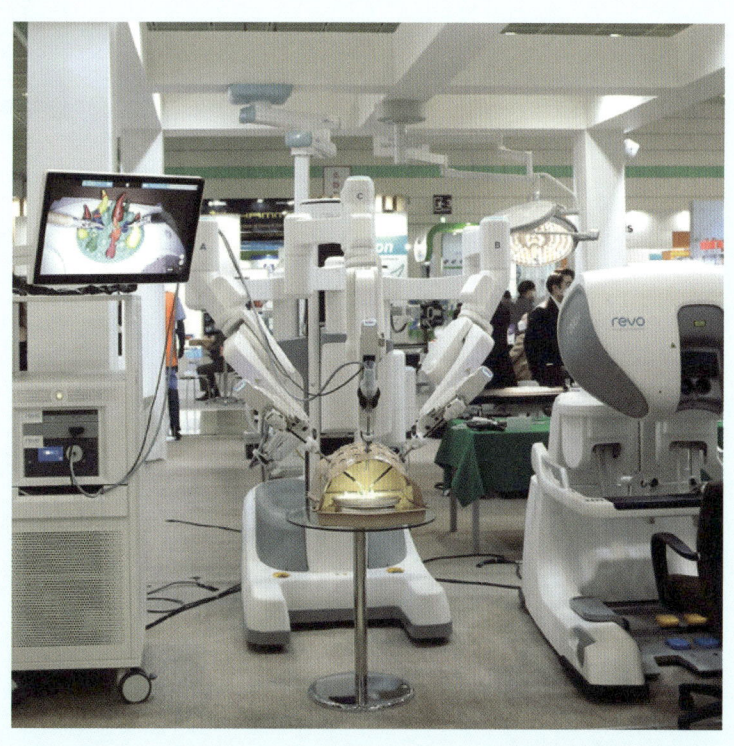

출처: 후생신보

미래에는 어떠한 로봇이 만들어지나요?

미래에 만들어질 로봇을 알아보아요.

● 드론 택시

출처: 동아일보

길이 막힌다고? 그럼 나를 타봐!
하늘을 나는 드론 택시는 항공사와
자동차 회사가 힘을 합쳐 만들었어요.
2025년에는 서울 하늘에서
드론 택시를 탈 수 있을 거예요.

● 스마트 거울

아침마다 보는 거울에서
나의 기분을 알 수 있다면?
스마트 거울을 쳐다보고
말하기만 해도 내 기분이 어떤지,
스트레스는 어떻게 해소하면
좋은지 말해줘요.

출처: baracoda

● 스마트 신발

출처: 시프트 로보틱스

신발만 신어도 빨리 걸을 수 있을까?
신발에 착용하기만 하면
일반 걸음보다 훨씬 빨리 걸을 수
있어요. 평소보다 늦은 시간에
나와도 지각하지 않을 수 있겠죠?

일반 로봇과 지능형 로봇은 어떤 차이가 있나요?

미래에 만들어질 로봇에는 대부분 이런 기술이 들어가요.
아래 글씨를 따라 써보고 글씨 위에 스티커를 붙여 보아요.

인공지능

일반 로봇에 인공지능 기술이 들어가면 로봇은 이렇게 생각해요.

일반 로봇

지능형 로봇

다음 그림을 보고 일반 로봇인지, 지능형 로봇인지 적어보세요.

 여기서 잠깐!

인공지능이란? 인공지능은 기계에 사람처럼 생각하고 공부하는 능력을 만들어주는 기술이에요. 사람이 문제를 해결할 때 뇌를 사용하는 것처럼, 인공지능은 정보를 분석하고 반복되는 규칙을 찾아 예측해서 문제를 해결해요.

우리 집에 필요한 로봇

 우리 집에 어떤 로봇이 있으면 좋을까요?

우리 집에 있으면 좋겠는 로봇을 생각해서 적어봐요.

- 모양 :

- 기능 :

- 크기 :

- 색깔 :

생각한 로봇의 도면을 자유롭게 그리고 색연필로 색칠해보아요.

내 로봇의 장점과 단점은 무엇이 있는지 적어보고,
단점은 어떻게 고치면 좋을지도 적어보세요.

● **장점 :**

● **단점 :**

● **단점 고치는 방법 :**

친구들에게 내가 생각한 로봇을 설명해보아요.

와, 멋진 로봇을 생각해냈군요!

단원목표

- 전래 동화의 내용을 현대의 기술 개념과 연결하여 사고할 수 있다.
- 블록체인을 자기 말로 정의할 수 있다.
- 블록체인의 특징을 설명할 수 있다.
- 블록체인의 작동원리를 설명할 수 있다.
- 퍼블릭 블록체인과 프라이빗 블록체인을 분류할 수 있다.

단원목차

읽어보기	아기 돼지 삼 형제 이야기	33
이해하기	블록체인이란?	38
활동하기 1	블록체인의 특징	42
활동하기 2	블록체인의 작동원리	45
활동하기 3	블록체인의 유형	51

아기 돼지 삼 형제 이야기

어느 평화로운 마을에 한 돼지 가족이 살고 있었어요.
이 집에는 엄마와 아기 돼지 삼 형제가 함께 살았답니다.

삼 형제는 어느 날 엄마의 품을 떠나 각자 자신의 집을 짓고
살기로 결정했어요. 아기 돼지들은 씩씩하게 짐을 싸고
집을 나섰답니다.

"엄마, 저희를 잘 키워주셔서 감사했어요."

집을 떠나 한참을 걸은 삼 형제는 잠시 걸음을 멈추었어요.
첫째 돼지가 바닥에 털썩 주저앉았어요.

"나는 더 멀리는 못 가겠다. 나는 여기서 집을 지을래."

그렇게 첫째 돼지와 인사를 한 둘째 돼지와 셋째 돼지는
조금 더 걸어가 보기로 했어요.

하지만, 얼마 지나지 않아 둘째 돼지도 바닥에
털썩 주저앉았어요.

"나도 이제 더는 못 가겠어. 나는 여기에 집을 지을래."

하지만, 셋째 돼지는 조금 더 가 안전해 보이는 곳을 발견했어요. 셋째 돼지도 이제 짐을 풀고 집을 짓기 시작했어요.

"여기가 좋겠다.
나도 이제 집을 지을 수 있겠어."

돼지들은 각자 자신만의 재료로 집을 짓기 시작했어요.
집 짓기가 귀찮았던 첫째 돼지는 지푸라기로 대충 집을 지었어요.
이것을 보고 지나가던 늑대가 입김을 불어 첫째의 집을
날려버리고 첫째 돼지를 잡아먹고 말았어요.

둘째 돼지는 빨리 집을 짓고 놀러 가고 싶다는 생각에 나무에 못을 박아 대충 집을 지었죠. 이번에도 지나가던 늑대가 둘째 돼지의 집을 단숨에 무너뜨리고 둘째 돼지도 잡아 먹어버렸어요.

항상 신중했던 셋째 돼지는 벽돌을 가져와 집을 지었답니다. 이번에도 늑대는 입맛을 다시며 셋째 돼지의 집으로 갔어요.

하지만 이번에는 집도 부수지 못하고 돼지도 잡아먹지 못했어요. 왜 그랬을까요? 셋째 돼지는 벽돌을 하나하나 쌓아 튼튼하게 집을 완성했기 때문이에요.

애꿎은 벽만 두들기던 늑대는 터덜터덜 집으로 돌아갔답니다.

이 이야기는 영국에 전해 내려오는 『아기 돼지 삼 형제』 이야기예요.
벽돌 여러 개를 하나씩 잘 쌓아 튼튼하게 집을 만든 셋째 돼지는
집도 부서지지 않고 늑대에게 잡아 먹히지 않았죠?

블록체인도 마찬가지예요. 작은 정보 조각들인 블록들이
체인으로 연결되어 하나의 블록체인이 돼요.
튼튼하게 만들어진 집의 벽돌 하나 빼는 것이 어렵듯,
블록체인의 한 블록을 바꾸는 일은 쉽지 않답니다.
그래서 사람들은 블록체인을 믿고 정보를 보관하는 데 사용하고
있어요.

블록체인이란?

 블록체인을 만화로 쉽게 알아봐요.

> **여기서 잠깐!**
>
> **장부란?** 장부는 돈을 주고받은 일들을 기록한 특별한 종이예요.
> 오늘 있었던 일을 일기로 쓰듯이 오늘 있었던 돈에 대한 일들을 적어놓은 것이죠.
> **거래는요?** 거래는 돈이나 물건을 주고받는 과정을 말해요. 예를 들어,
> 100원을 주고 가게에서 사과 1개를 사는 것을 거래라고 해요.

블록체인을 사용하면 무엇이 다른가요?

그림을 색칠해 보고 설명에서 흐린 부분을 따라 써보며 블록체인의 특징을 알아보아요.

원래는 누군가에게 돈 을 보낼 때
항상 은행 이 중간에서 확인해 주어야 했어요.

왜 은행이 있어야 할까요?

사람들 사이에 왔다 갔다 하는 돈이 진짜 돈 인지 가짜 돈 인지 확인해야 하기 때문이에요! 그리고 누군가가 돈을 보냈다고 거짓말 을 하면 은행에서 돈을 진짜 보냈는지 확인해 줄 수 있기 때문이에요.

하지만 블록체인 을 사용해서 돈을 보내면 은행이 없어도 된답니다.

왜 은행이 없어도 될까요?

블록체인을 사용하면 돈을 주고받는 많은 사람이 모여 누군가가
돈을 보낼 때마다 모두 동의 해야지만 돈을 보낼 수가 있고,
돈이 오고 간 내역은 모두 다 확인 할 수 있기 때문이에요.
그래서 가짜 돈 을 보내면 사람들이 알아채 동의하지 않으면
돈을 보낼 수가 없고, 거짓말을 하면 다른 사람들의 장부와
일치하는지 확인해서 거짓말이 탄로 날 수밖에 없기 때문이지요.

블록체인의 특징

 블록체인이 특별한 이유는 무엇인가요?

43페이지의 퍼즐을 맞춰서 아래에 붙여 보아요.

혹시 퍼즐 조각 하나가 남지 않나요? 왼쪽에 남은 퍼즐을 붙여봐요. 이 퍼즐은 바로 거짓말로 만들어진 거래 장부예요.

 너 가짜 장부지!

이것처럼 블록체인은 가짜 장부가 연결되면 쉽게 알 수 있어서 거짓말로 거래할 수 없게 만들어요.

아래 퍼즐 조각들을 가위로 오려보아요.

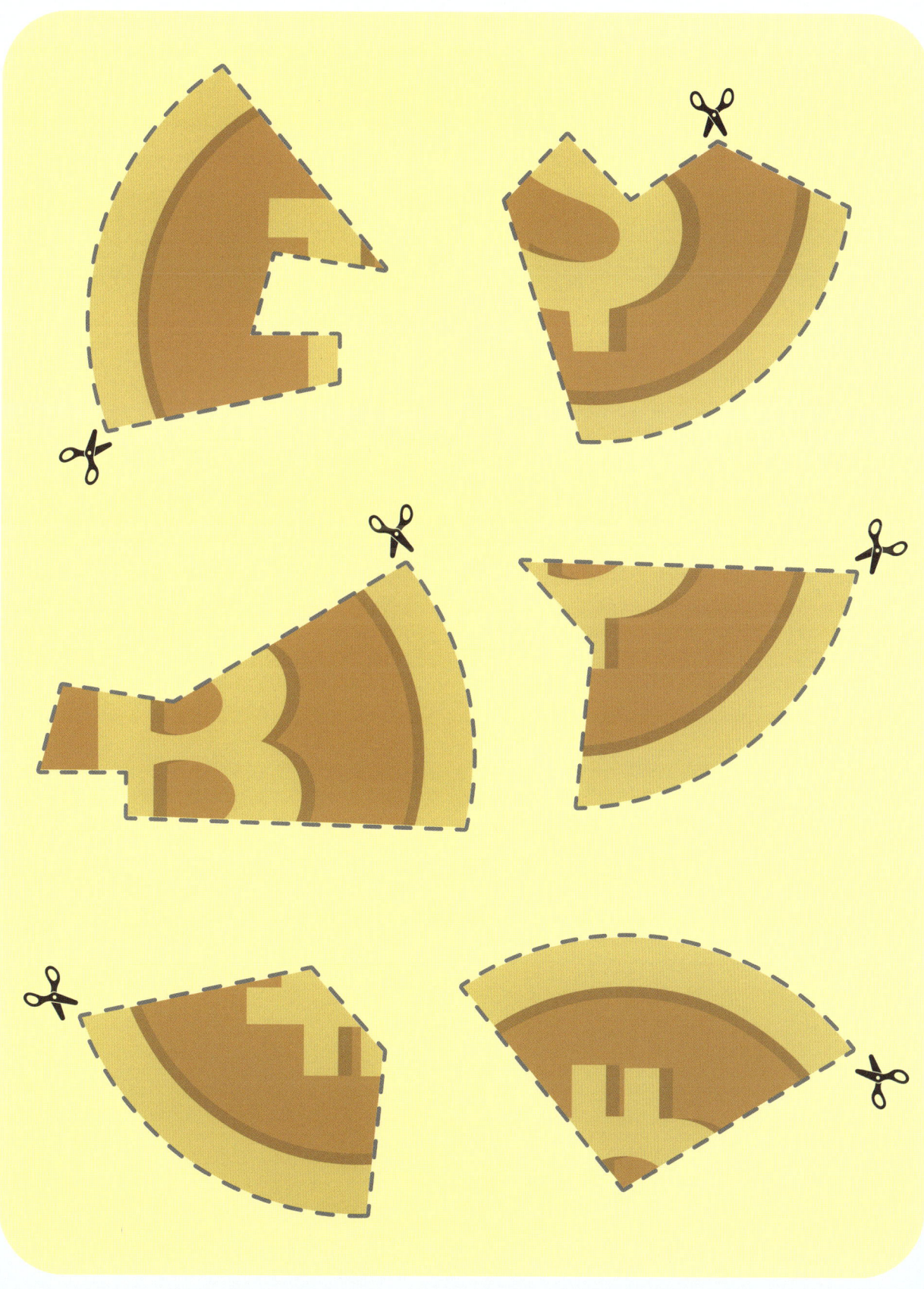

블록체인의 작동원리

 블록체인의 원리를 역할 놀이로 이해해볼까요?

〈역할 놀이 규칙〉

> **여기서 잠깐!**
> 이 놀이는 교실에서 한다고 가정하고 만들었어요. 만약에 집에서 한다면 가능한 많은 친구나 가족들을 초대해서 함께 하는 게 좋아요. 최소한 4명 이상은 되어야 이 놀이를 할 수 있어요. 강강이 1명, 낭낭이 1명, 그리고 나머지 반 친구들 역할로 2명은 있어야 해요.

1 역할 놀이에 필요한 역할은 이렇게 세 개예요.
우선 반 친구들 모두 모여서 역할을 나누어요.

- **1** 돈을 보내는 사람 (강강) 1명
- **2** 돈을 받는 사람 (낭낭) 1명
- **3** 이 거래를 지켜보는 사람들 (나머지 반 친구들)

2 역할 놀이에는 준비물이 필요해요.
준비물을 준비해볼까요? 연필 말고 나머지는 49쪽에서 색칠하고 가위로 오려서 준비해요.

- **1** 500원짜리 동전, 1,000원짜리 지폐
- **2** 블록
- **3** 연필

 다음과 같이 세 가지 상황을 재연해볼 거예요.

첫 번째 상황

① 자리에서 일어나 교실 가운데를 비워요.

② 거래를 지켜보는 반 친구들은 자리에서 일어나요. 모두 블록과 연필을 가지고 교실 가운데 원을 그리고 서요. 내 자리 앞 바닥에 블록과 연필을 내려놓고 옆 친구들과 손을 잡아요.

③ 거래를 지켜보는 친구들이 만든 원 가운데에 강강과 낭낭이가 서로 마주 보고 서요. 강강이는 500원짜리 동전을 가지고 있어요.

④ 낭낭이는 강강이에게 500원을 빌려달라고 큰 소리로 말해요.

⑤ 강강이는 반 친구들에게 낭낭이에게 500원을 빌려줘도 될지 물어봐요.

⑥ 거래를 지켜보는 모든 친구는 500원이 진짜인지 이 거래를 인정해줘도 되는지 얘기해봐요. 그리고 이 거래에 동의하고 붙잡고 있던 손을 풀고 블록에 연필로 강강이가 낭낭이에게 500원을 보냈다고 적어요. 그리고 블록과 연필을 바닥에 내려놓고 다시 손을 잡아요.

⑦ 거래를 지켜보는 모든 친구가 블록에 강강이와 낭낭이의 거래 내역을 적고 손을 다시 잡은 후에 강강이는 낭낭이에게 500원을 줘요.

⑧ 거래가 이루어졌으니 모두 기쁨의 춤을 춰요.

두 번째 상황

① 자리에서 일어나 교실 가운데를 비워요.

② 거래를 지켜보는 반 친구들은 자리에서 일어나요. 모두 블록과 연필을 가지고 교실 가운데 원을 그리고 서요. 내 자리 앞 바닥에 500원의 거래 내역이 적힌 블록과 연필을 내려놓고 옆 친구들과 손을 잡아요.

❸ 거래를 지켜보는 친구들이 만든 원 가운데에 강강과 낭낭이가 서로 마주 보고 서요. 낭낭이는 1,000원짜리 지폐를 가지고 있어요.

❹ 이번에는 낭낭이가 강강이에게 1,000원을 보내고 싶다고 큰 소리로 말해요.

❺ 거래를 지켜보는 모든 친구는 1,000원이 진짜인지 이 거래를 인정해줘도 되는지 얘기해봐요. 그리고 붙잡고 있던 손을 풀고 500원의 거래 내역이 적힌 블록에 연필로 낭낭이가 강강이에게 1,000원을 보냈다고 적어요. 그리고 블록과 연필을 들고 모두 자리를 바꿔요. 바꾼 자리 앞에 블록과 연필을 내려놓고 다시 손을 잡아요.

❻ 거래를 지켜보는 모든 친구가 블록에 강강이와 낭낭이의 거래 내역을 적고 자리를 바꾸고 손을 다시 잡은 후에 낭낭이는 강강이에게 1,000원을 줘요.

❼ 거래가 이루어졌으니 모두 기쁨의 춤을 춰요.

3 세 번째 상황

❶ 자리에서 일어나 교실 가운데를 비워요.

❷ 거래를 지켜보는 반 친구들은 자리에서 일어나요. 모두 블록과 연필을 가지고 교실 가운데 원을 그리고 서요. 내 자리 앞 바닥에 500원과 1,000원의 거래 내역이 적힌 블록과 연필을 내려놓고 옆 친구들과 손을 잡아요.

❸ 거래를 지켜보는 친구들이 만든 원 가운데에 강강과 낭낭이가 서로 마주 보고 서요.

❹ 이번에는 강강이가 낭낭이에게 저번에 빌려 간 1,000원을 달라고 거짓말을 해요. 낭낭이는 억울해하면서 그런 적이 없다고 해요.

❺ 강강이와 낭낭이는 거래를 지켜보는 친구들에게 누가 맞냐고 물어봐요.

❻ 거래를 지켜보는 친구들은 거래 내역이 적힌 블록을 강강이와 낭낭이에게 보여주고 누가 맞는지 말해요.

❼ 거래가 이루어지지 않았으니 모두 슬픔의 춤을 춰요.

흐린 글씨를 따라 쓰면서 역할 놀이로 알게 된 블록체인의 원리를 적어봐요.

500원과 1,000원의 거래가 이루어졌던 이유는 무엇인가요?

거래를 지켜보는 친구들이 모두 동의해주었기 때문이에요.

1,000원의 거래 후 거래를 지켜보는 친구들이 자리를 바꾸었던 이유는 무엇인가요?

블록체인은 다른 거래가 생길 때마다 모든 블록의 정보를 바꿔서 다른 사람이 정보를 알아내기 어렵게 하기 때문이에요.

강강이의 거짓말은 어떻게 들통나게 되었나요?

거래를 지켜보는 친구들의 블록 속 거래 내역이 강강이가 말한 내용과 달랐기 때문이에요.

아래 그림을 색칠하고 오려서 역할 놀이에 사용해요.

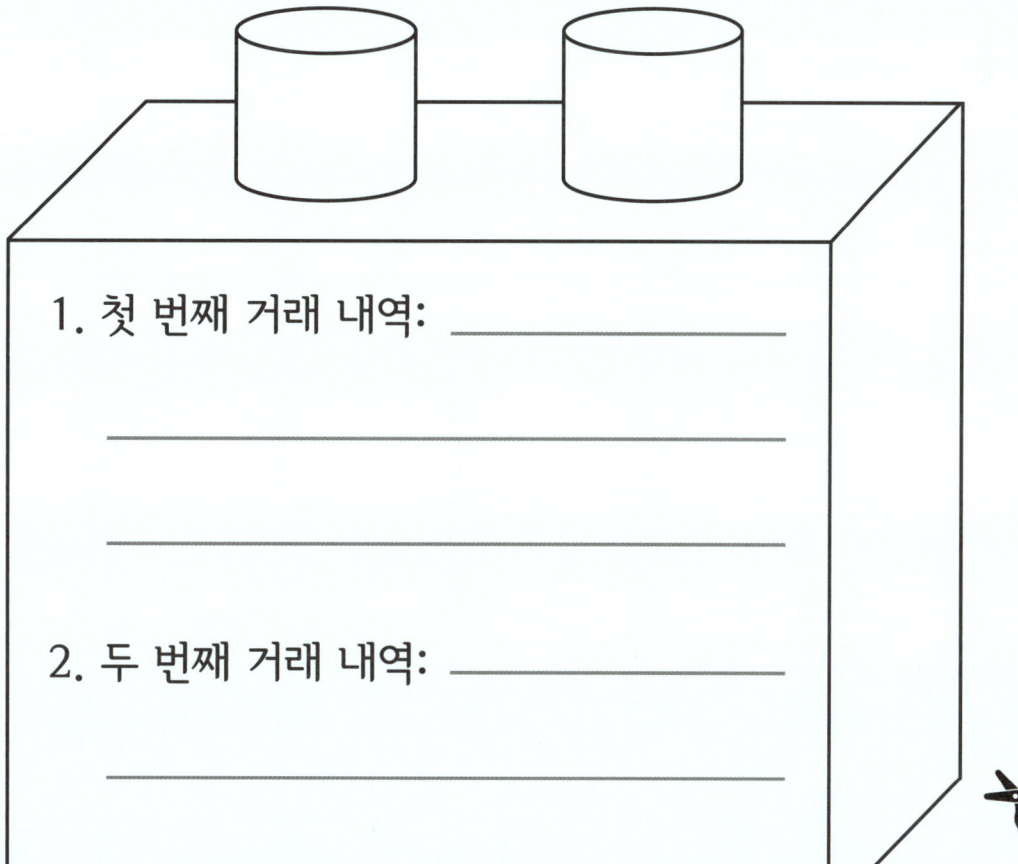

1. 첫 번째 거래 내역: _____

2. 두 번째 거래 내역: _____

블록체인의 유형

 블록체인에는 어떠한 유형이 있나요?

블록체인에는 다양한 유형이 있어요. 하지만 크게는 퍼블릭 블록체인과 프라이빗 블록체인으로 나눌 수 있어요.

퍼블릭 블록체인은 무엇일까요?

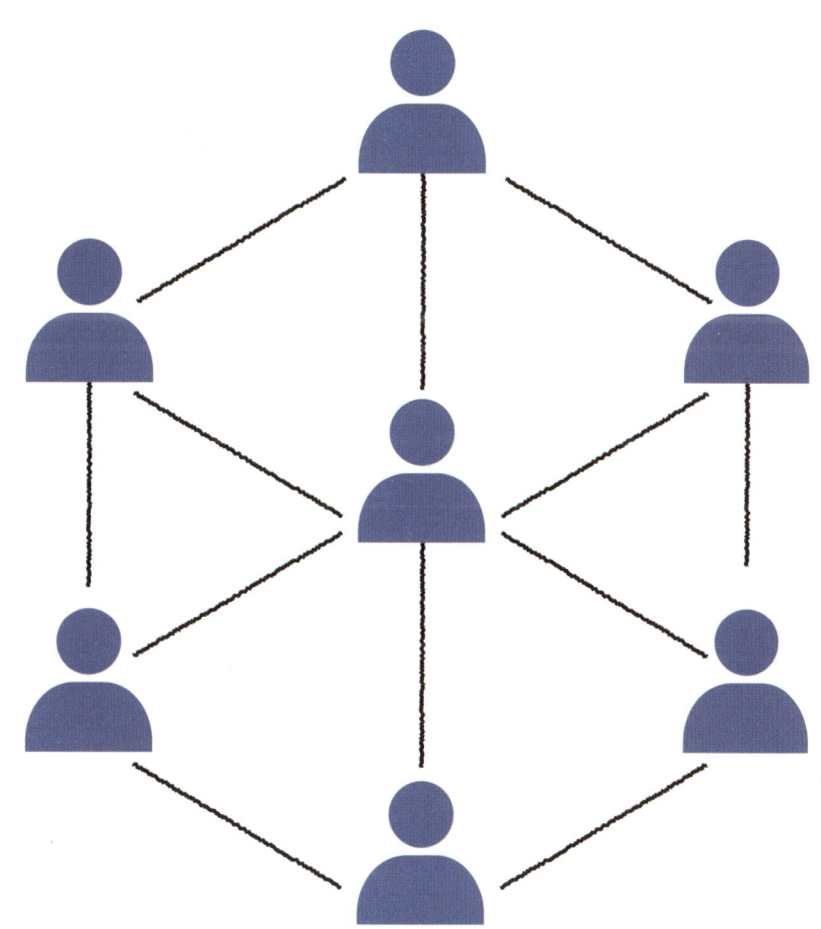

자, 이 그림을 볼까요? 모든 사람이 다 연결되어 있죠?
퍼블릭 블록체인은 블록체인의 거래 내역을 **누구나 볼 수 있게**
열어두었다는 뜻이에요.

그럼 프라이빗 블록체인은 무엇일까요?

이 그림을 한번 볼까요? 중간에 은행이 있고 사람들이 왕관을 쓰고 있네요. 그리고 사람과 은행 사이에 자물쇠가 보이죠?

프라이빗 블록체인은 모든 사람이 아니라 블록체인을 가지고 있는 사람들이 **허락한 사람만 거래 내역을 보고 검증**할 수 있답니다.

처음에는 퍼블릭 블록체인만 있었어요. 하지만, 퍼블릭 블록체인에서는 누구나 거래 내역을 볼 수 있으니 모르는 사람에게 거래 내역을 보여주기 싫은 은행이나 큰 회사들에서는 블록체인을 사용하기 어려웠어요. 그래서 왕관을 쓴 사람만 거래 내역을 보고 검증할 수 있도록 프라이빗 블록체인이 만들어진 거예요.

 **퍼블릭 블록체인과 프라이빗 블록체인은 어떤 장점과 단점이 있나요?**

내가 생각하는 퍼블릭 블록체인의 장점과 단점을 적어보세요.

- 장점 :

- 단점 :

내가 생각하는 프라이빗 블록체인의 장점과 단점을 적어보세요.

- 장점 :

- 단점 :

퍼블릭 블록체인과 프라이빗 블록체인을 정복해볼까요?

블록 위에 쓰여 있는 설명이 퍼블릭 블록체인이라면 초록색으로, 프라이빗 블록체인이라면 파란색으로 칠해보세요.

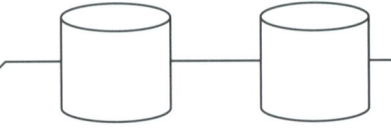

블록체인 속 누구나 거래 내역을 확인할 수 있어요.

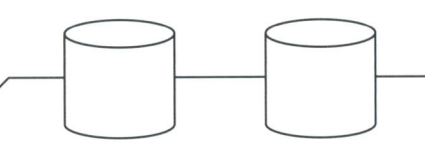

허락받은 사람만 거래 내역을 검사할 수 있어요.

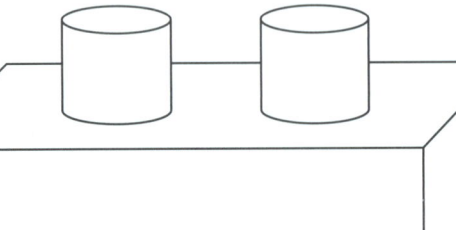

은행들은 이 블록체인을 좋아해요.

단원목표

- 전래 동화의 내용을 현대의 기술 개념과 연결하여 사고할 수 있다.
- 양자 컴퓨터를 사용하는 이유를 설명할 수 있다.
- 비트와 큐비트를 구별할 수 있다.
- 양자 중첩, 얽힘, 결 잃음을 예를 들어 표현할 수 있다.
- 양자 컴퓨터가 해결할 수 있는 문제들을 설명할 수 있다.

단원목차

읽어보기	선물 아닌 선물 이야기 57
이해하기	양자 컴퓨팅이란? 64
활동하기 1	비트와 큐비트 68
활동하기 2	양자 컴퓨팅의 원리 71
활동하기 3	양자 컴퓨터가 해결할 수 있는 문제 79

선물 아닌 선물 이야기

옛날에 '존슨'이라는 부자가 살았답니다. 존슨은 돈도 많은데 심성까지 착해 많은 사람이 존슨을 좋아했어요.
어떤 사람들은 왕보다도 존슨을 존경하기까지 했다고 해요.

그런데, 문제는 왕이 자신보다 인기 있는 존슨을 질투하게 되었어요. 그래서 존슨을 없애버리고 재산을 다 빼앗아버릴 궁리를 하게 되죠.

"존슨, 아주 눈엣가시가 따로 없어. 어떻게 하면 존슨을 죽이고 돈도 가져올 수 있을까?"

어느 날, 왕은 좋은 꾀가 하나 생각났어요.
왕은 신하들에게 소리쳤어요.

"여봐라! 어서 가서
존슨을 잡아 오너라!"

아무 죄도 없는 존슨은
영문도 모른 채
궁궐에 끌려왔어요.

"제가 뭘 잘못했는지 모르지만, 제발 살려주세요!"

"아직도 네 잘못을
모른단 말이냐?
괘씸하구나!"

왕은 화를 내는 척했지요.

"아닙니다! 제가 잘못했습니다!
저희 집에 돈이 많으니 원하시는 대로 드릴 수도 있어요!
왕께서 원하시는 것을 말씀해주시면 무엇이든지 하겠습니다.
목숨만 살려주십시오!"

존슨은 머리도 들지 못하고 손이 발이 되도록 빌었어요.

왕은 속으로 쾌재를 부르며 말했어요.

"그래? 좋다. 그러면 내 명령대로 하면 널 살려주겠다."

존슨은 그제야 머리를 들고 눈물이 그렁그렁한 얼굴로 왕을 쳐다봤어요.

"무엇이든 말씀만 하십시오!"

왕이 말했어요.

"그렇다면, 앞으로 3일 안에 낮도 밤도 아닌 때에, 옷이 아닌 옷을 입고, 말이 아닌 말을 타고, 선물이 아닌 선물을 가지고 오도록 하여라."

왕은 말도 안 되는 요구를 해서 존슨의 목숨을 빼앗은 다음 돈까지 빼앗아버릴 작정이었던 거예요. 존슨도 일단 풀려나기는 했지만, 집에 와서도 시름에 빠졌어요.

"아니, 나를 죽이려거든 그냥 죽이지. 이런 말도 안 되는 억지가 어디 있나...."

존슨이 슬퍼하는 사이 존슨의 하나뿐인 귀여운 딸 '메리'가 앓아누운 아버지 존슨을 찾아왔어요.

"아버지! 제가 임금님이 낸 수수께끼를 풀 기가 막힌 방법이 생각났어요! 아버지는 이제 편히 쉬셔도 돼요. 제가 궁궐에 가서 해결하고 올게요."

그렇게 이튿날 저녁쯤 메리는 왕을 만나러 궁궐에 갔어요.

"안녕하세요, 임금님. 저는 아버지 존슨의 딸 메리입니다.
임금님께서 원하시는 것을 제가 드리러 왔습니다."

왕은 크게 기대하지 않는 표정으로 메리를 바라보았죠.

"그래? 네가 정말로 내가 원하는 것을 가져왔느냐?
내가 원하는 것이 아니면 네 아버지는 무사하지 못할 텐데."

"그럼요! 지금은 해 질 녘이 되었으니, 낮도 밤도 아닙니다. 그리고 그물을 몸에 감고 왔으니 옷은 아니지만 몸을 가렸으니 옷이기도 하지요. 또 당나귀를 타고 왔는데 당나귀는 말은 아니지만 말의 한 종류이니까 말이기도 합니다. 마지막으로 선물 아닌 선물은, 자, 여기 있습니다. 손을 한번 내밀어 보시지요."

메리의 당당함에 왕은 메리에게 웃으며 손을 건네주었어요. 메리는 왕에 손에 자신의 손아귀에 쥔 것을 왕의 손에 꼭 쥐여주었다.

"자, 이제 손을 펴보시지요."

왕이 손을 펼치자 작은 새가 포르르 날아갔어요.

"저는 분명히 선물을 드렸는데, 선물이 날아가 버렸으니 선물이 아니기도 하지요?"

메리의 신통함에 왕은 기특해하며 존슨을 찾아가 사과를 하고, 나중에 왕자와 메리를 결혼시키겠다는 약속까지 하게 되었다고 해요.

이 이야기는 영국에 전해 내려오는 『선물 아닌 선물』 이야기예요.
어려운 수수께끼를 지혜롭게 잘 풀어낸 메리가 멋지지 않나요?
여러분도 왕이 낸 수수께끼를 모두 풀었나요?

이렇게 풀리지 않는 수수께끼를 아주 빠른 속도로 풀어낼 수 있는 컴퓨터가 있다고 해요.
일반 컴퓨터보다 계산 속도가 훨씬 더 빠르죠.
그건 바로 양자 컴퓨터랍니다.

양자 컴퓨팅이란?

 어떤 것이 양자 컴퓨터일까요?

사진들을 보고 각 컴퓨터의 이름 위에 스티커를 붙여 보아요.

출처: loveios.net

고전 컴퓨터

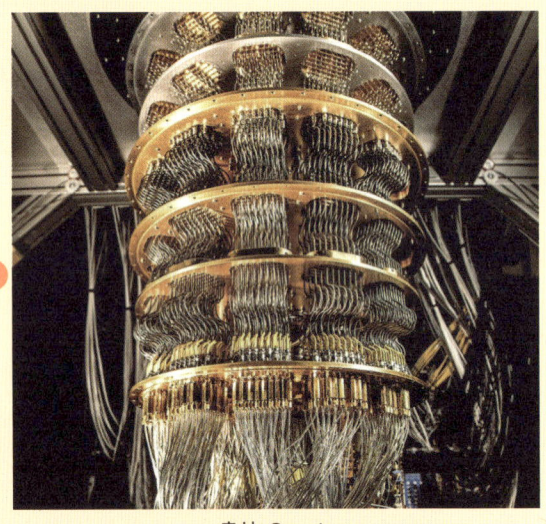

출처: Google

양자 컴퓨터

출처: 오크리지국립연구소

슈퍼 컴퓨터

고전 컴퓨터와 슈퍼 컴퓨터는 무엇인가요?

양자 컴퓨터를 알아보기 전에 잠깐 박사님을 통해
고전 컴퓨터와 슈퍼 컴퓨터에 대해 알아보아요.

안녕하세요, 여러분!
오늘은 여러분들에게 컴퓨터에 대해
알려줄게요. 잘 들어줄 거죠?

출처: CHM   출처: Apple Wiki

왼쪽의 컴퓨터는 요즘 여러분들이
자주 사용하는 애플 사의 초창기 컴퓨터이고
오른쪽 컴퓨터는 IBM이라는 컴퓨터 회사에서
만든 컴퓨터예요. 고전 컴퓨터는 빠르게
숫자 계산을 할 수 있어요.

출처: Britannica

컴퓨터 이야기하다 갑자기 웬 다리를 보여주는지 궁금하죠?
이 다리는 미국 워싱턴에서 1940년에 완공 당시 세계에서
세 번째로 길었던 타코마 다리예요. 이 다리는 만들어진지 4개월 만에
이렇게 붕괴되어 최악의 사고로 기록되었는데요.
그런데 왜 무너졌는지는 최근까지 풀리지 않는 수수께끼였답니다.

출처: 한국과학기술정보연구원

2022년 한국 연구진이
세계 최초로 슈퍼 컴퓨터를
이용해서 타코마 다리의
비밀을 풀었다고 해요.
슈퍼 컴퓨터는 이처럼
어려운 문제를 빠르게
해결할 수 있어요.

그럼 양자 컴퓨터와 양자 컴퓨팅은 무엇인가요?

출처: Investors Chronicle

양자 컴퓨터는 기존의 컴퓨터가 10억 년 걸려서 풀 문제를 100초 만에 해결할 수 있어요. 빠르게 문제를 해결하는 슈퍼 컴퓨터도 1만 년 걸릴 문제를 양자 컴퓨터로는 단 4분이면 해결할 수 있죠. 정말 대단하죠?

아, 맞다! 여러분 내 소개를 안 했네요! 나는 양자 컴퓨터의 개념을 처음 제안한 **리처드 파인만**이랍니다. 내가 사용하던 컴퓨터가 너무 느려서 답답했던 나머지 내가 당시 연구하던 양자역학을 바탕으로 새로운 컴퓨터를 생각해냈죠. **양자 컴퓨팅은 양자 컴퓨터로 문제를 해결하는 기술이에요.**

출처: 위키백과

비트와 큐비트

 비트는 무엇인가요?

위 그림에서 남학생이 여학생의 말을 알아듣지 못하는 이유는 무엇일까요? 여러분의 생각을 적어보세요.

그 이유는 아래 글씨 중 흐린 부분을 따라 써보면 알 수 있어요!

서로 다른 언어 를 사용하고 있기 때문이죠.
우리는 모두 각 나라의 언어를 사용해요.
컴퓨터도 비트 라는 컴퓨터 언어 를 사용해요.

비트와 큐비트를 비교해볼까요?

컴퓨터의 언어가 비트라면 큐비트는 양자 컴퓨터의 언어예요. 이 둘은 어떻게 다를까요?

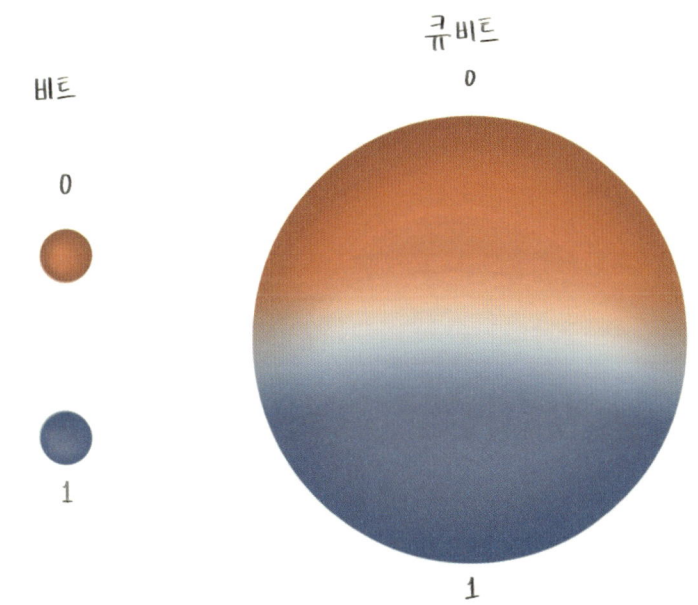

위 그림을 한번 보세요. 비트는 0과 1이 두 개로 나누어져 있지만, 큐비트는 0과 1이 합쳐져서 한 개로 보여요.
다르게 말하면 큐비트는 0이면서 동시에 1이기도 해요.

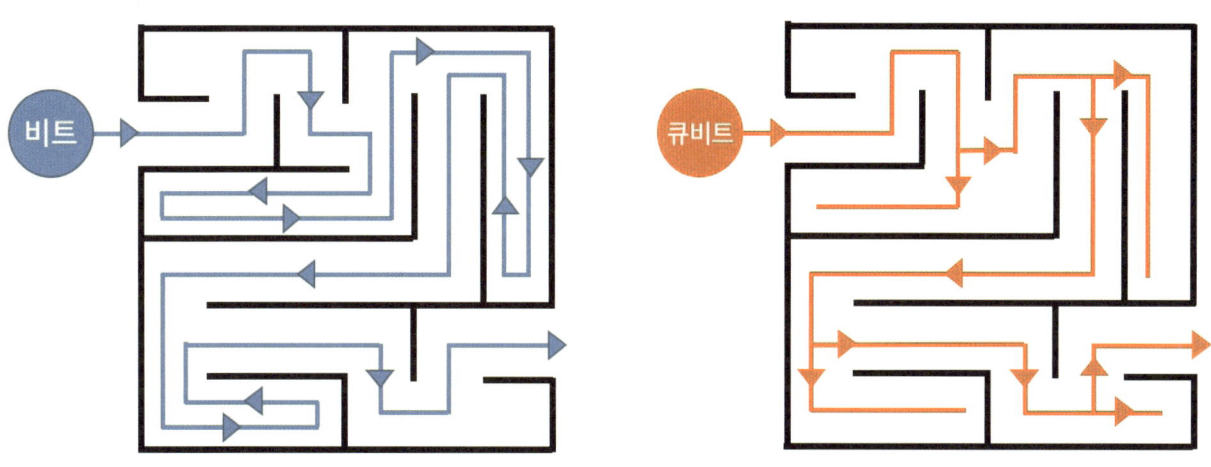

비트는 미로를 풀 때 한 번에 한 골목만 지나갈 수 있지만, 큐비트는 여러 골목을 동시에 지나갈 수 있어요.

아래 그림을 한번 볼까요? 비트는 0 아니면 1, 두 가지 상태만 가능해요.
동전이라고 생각해보면 앞면 아니면 뒷면만 가능한 거예요.

그런데, 이 그림을 한 번 볼까요? 큐비트는 0과 1이 모두 있는 상태이죠.
그래서 **큐비트는 동전의 앞면일 수도 있고, 뒷면일 수도 있고,
앞면+뒷면일 수도 있는 거예요.**
동전을 공중에 띄운 상태를 상상해보면 이해가 될 거예요.

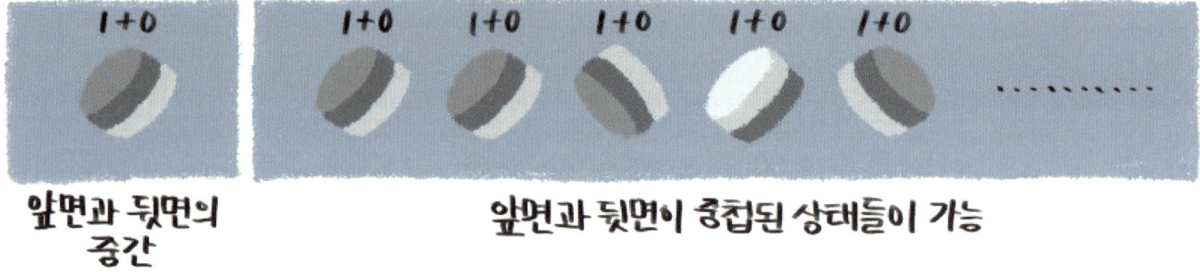

큐비트를 동전이 공중에 있을 때 양면이 동시에 있는 상태로
생각해볼 수 있다고 했죠. 여러분들이 생각하는 두 가지 상태가
한 번에 같이 있는 상태는 무엇이 있나요? 자유롭게 적어보세요.

양자 컴퓨팅의 원리

🔬 마법 모자로 양자 컴퓨팅 원리를 정복해볼까요?

74, 75, 77쪽에 있는 마법 모자, 구슬, 지팡이를 만들어서 준비해요.

🔴🔵 양자 중첩은 무엇일까요?

〈양자 중첩 활동〉

1. 두 사람이 짝꿍이 되어 활동을 시작해요.
2. 한 사람은 마법사가 되고 한 사람은 모자가 되어요.
3. 마법사는 지팡이를 들고 모자는 모자를 들어요.
4. 모자는 양자 중첩 구슬을 모자 안에 넣어요.
5. 마법사가 "모자야, 모자야 양자 중첩 구슬을 내놓아라."라고 말해요.
6. 모자는 모자 안의 구슬 종이를 잘 섞어서 보지 않고 구슬 한 개를 꺼내서 쥐고 마법사에게 주기 전에 마법사에게 물어요. "무슨 색깔 구슬이게?"
7. 마법사는 빨간색과 파란색 중 하나의 색깔을 추측해서 말해요.
8. 모자는 구슬을 가지고 있는 손을 펼쳐서 마법사와 함께 구슬의 색깔을 확인해요.
9. 마법사는 어떤 색 구슬이 나올지 미리 알 수 있을까요? 여러분의 답과 그렇게 생각한 이유를 적어보세요.

이 구슬은 동시에 **빨간색**일 수도 있고, **파란색**일 수도 있어요.
확인할 때까지는 알 수 없죠. 두 가지 상태가 동시에 있는 것이
양자 중첩이랍니다.

양자 얽힘은 무엇일까요?

〈양자 얽힘 활동〉

❶ 세 사람이 모둠이 되어 활동을 시작해요.

❷ 한 사람은 마법사가 되고 두 사람은 모자가 되어요.

❸ 마법사는 지팡이를 들고 모자들은 모자를 들어요. 모자 두 명은 조금 떨어져서 앉아요.

❹ 모자들은 양자 얽힘 구슬을 모자에 넣어요. 한 모자에 빨간색 구슬과 파란색 구슬을 하나씩 넣어요.

❺ 마법사가 "모자야, 모자야 양자 얽힘 구슬을 내놓아라."라고 말해요.

❻ 마법사 왼쪽에 있는 모자는 모자 안의 구슬 종이를 잘 섞어서 보지 않고 구슬 한 개를 꺼내서 쥐고 마법사에게 주기 전에 마법사에게 물어요. "무슨 색깔 구슬이게?"

❼ 마법사는 빨간색과 파란색 중 하나의 색깔을 추측해서 말해요.

❽ 마법사 왼쪽에 있는 모자가 구슬 색깔을 보여줄 때 마법사 오른쪽에 있는 모자는 구슬 색깔을 보고 재빨리 같은 색 구슬을 모자에서 꺼내요.

❾ 모자들과 마법사는 함께 구슬의 색깔을 확인해요.

❿ 모자들의 구슬 색깔이 같은 색깔이었던 이유는 무엇인가요? 여러분의 답과 그렇게 생각한 이유를 적어보세요.

한 개의 구슬이 **빨간색**이면 다른 구슬도 **빨간색**이 되어요.
이 구슬이 **파란색**이면 다른 구슬도 **파란색**이 되겠죠?
한 개의 구슬 색깔에 따라 다른 구슬의 색깔도 똑같이 바뀌는 것을
양자가 얽혔다고 하여 **양자 얽힘**이라고 해요.

? 양자 결 잃음은 무엇일까요?

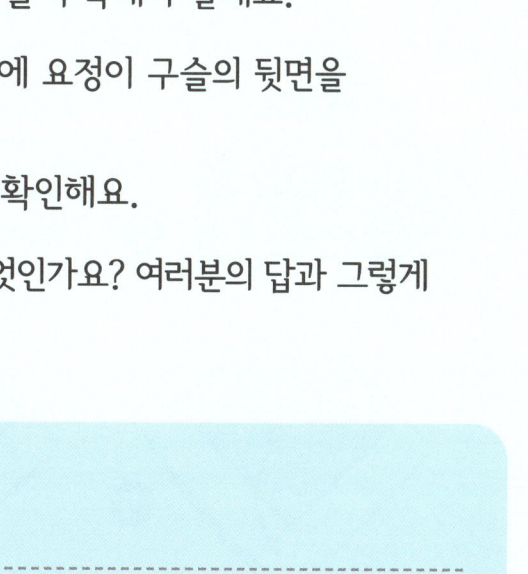

〈양자 결 잃음 활동〉

① 세 사람이 모둠이 되어 활동을 시작해요.

② 한 사람은 마법사가 되고 한 사람은 모자가 되고 또 한 사람은 요정이 되어요.

③ 마법사는 지팡이를 들고 모자는 모자를 들어요.

④ 구슬은 양자 결 잃음 구슬 두 개를 모자에 넣어요.

⑤ 마법사가 "모자야, 모자야 양자 결 잃음 구슬을 내놓아라."라고 말해요.

⑥ 모자는 모자 안의 구슬 종이를 잘 섞어서 보지 않고 구슬 한 개를 꺼내기 전에 손에 쥐고 마법사에게 물어요. "무슨 색깔 구슬이게?"

⑦ 마법사는 빨간색과 파란색 중 하나의 색깔을 추측해서 말해요.

⑧ 이때 모자가 모자에서 구슬을 꺼냄과 동시에 요정이 구슬의 뒷면을 마법사에게 보여줘요.

⑨ 모자, 요정, 마법사는 함께 구슬의 색깔을 확인해요.

⑩ 모자의 구슬 색깔이 검은색이었던 이유는 무엇인가요? 여러분의 답과 그렇게 생각한 이유를 적어보세요.

빨간색이거나 파란색이었던 구슬은
요정의 손이 닿자마자 다른 색으로 변했어요.
양자 상태가 요정이라는 환경을 만나면서 양자가 다치게 된 거예요.
이렇게 양자가 다른 환경에 의해 갑자기 양자 중첩과 양자 얽힘이
없어지는 것을 **양자 결 잃음**이라고 해요.

마법 모자 만들기

새로운 종이를 꺼내 접어요.

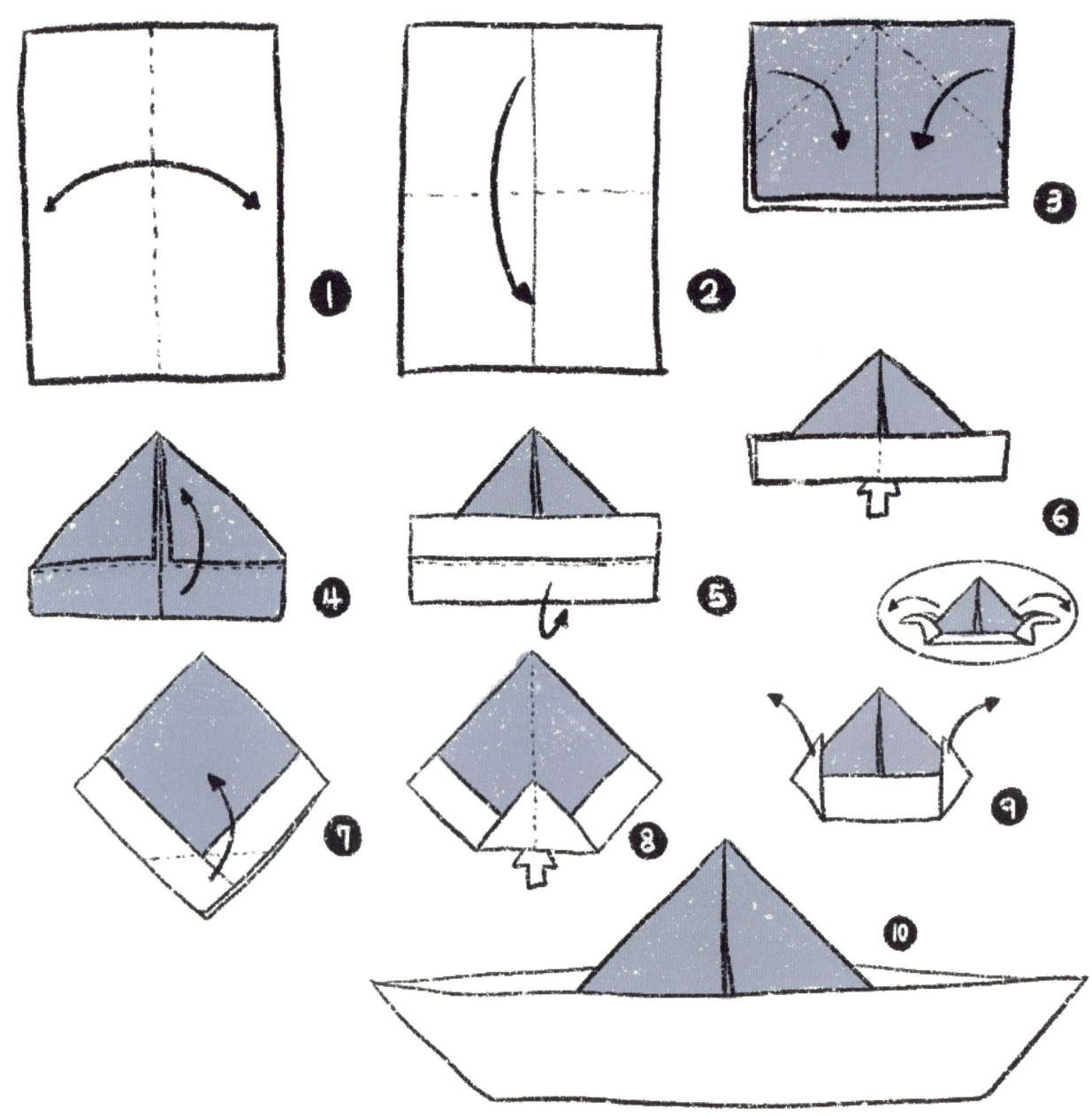

마법 구슬 만들기

구슬을 가위로 오려서 만들어요.

1. 양자 중첩 구슬

2. 양자 얽힘 구슬

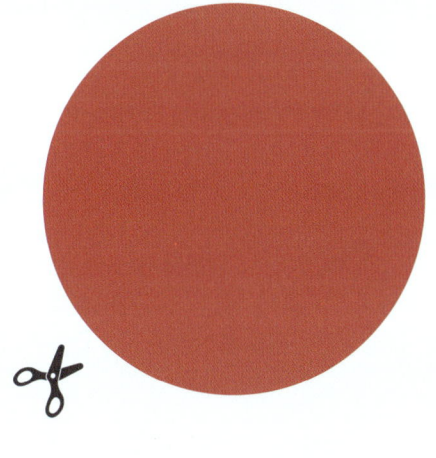

3. 양자 결 잃음 구슬

결 잃음 구슬은 빨간색을 앞면으로 검은색 구슬을 뒷면으로, 파란색을 앞면으로 검은색 구슬을 뒷면으로 붙여서 두 개의 구슬로 만들어요.

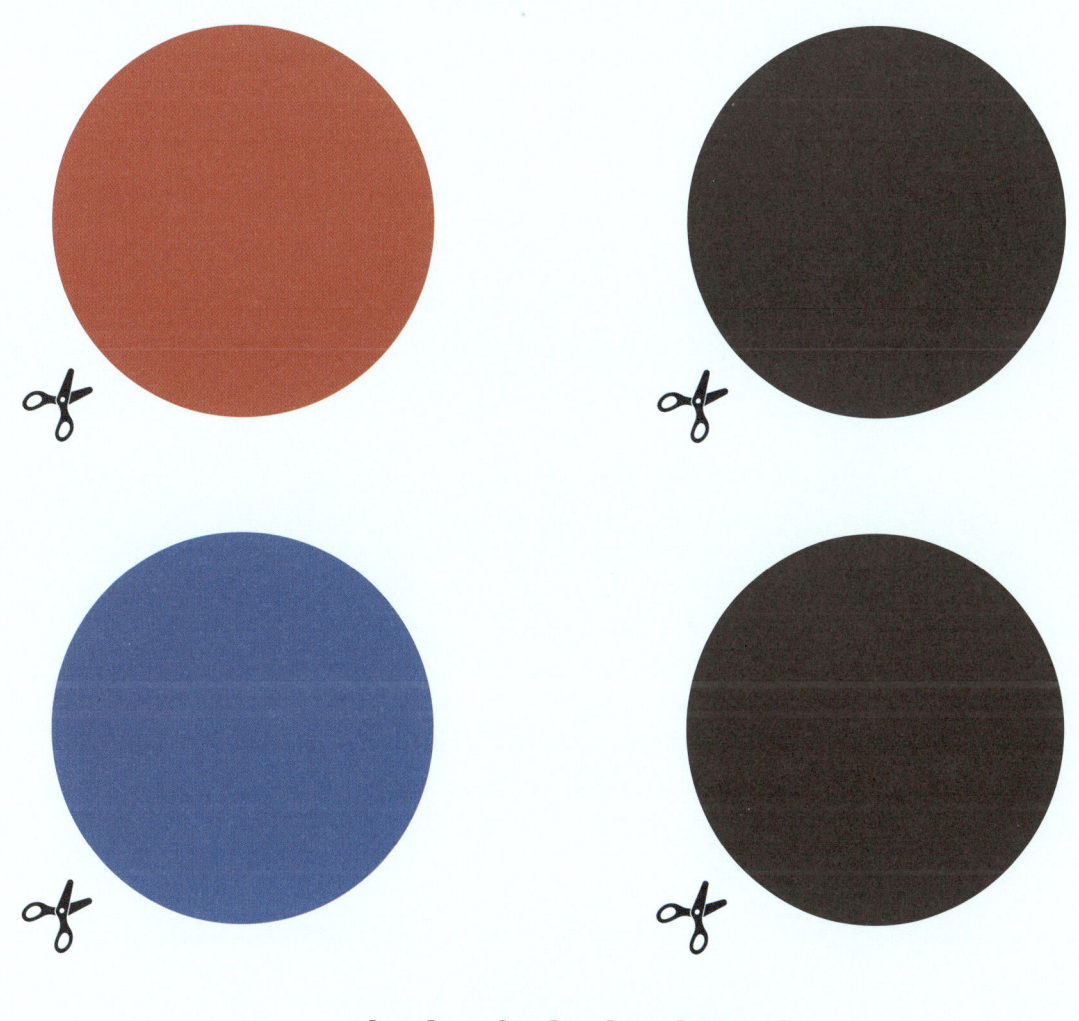

마법 지팡이 만들기

마법 지팡이를 가위로 오려서 만들어요.

양자 컴퓨터가 해결할 수 있는 문제

 ## 양자 컴퓨터는 어디에 사용되나요?

양자 컴퓨터는 우리가 흔히 사용하는 컴퓨터나 슈퍼 컴퓨터가 해결하지 못하는 문제를 해결하는 데 사용되어요.

비행기가 하늘에서 갑자기 폭풍을 만나게 되었어요. 비행기에 탄 승객들과 승무원, 조종사 모두 위험에 처했어요. 이 위험을 어떻게 빠져나가면 좋을까요?

 양자 컴퓨터는 아주 빠르게 다양한 방법을 시험해보고 위험을 벗어날 최고의 방법을 찾을 수 있어요.

전 세계적으로 심한 감염병이 유행하게 되었어요. 그런데 지금은 이 병을 치료할 약이 없어요. 약을 빠르게 만들 방법은 무엇이 있을까요?

 원래 약 하나를 만드는 데는 아주 긴 시간이 걸려요. 하지만 양자 컴퓨터는 빠르게 계산할 수 있어 약을 만드는 시간과 돈을 절약할 수 있어요.

활동하기 3

양자 컴퓨터는 또 어떤 문제를 해결할 수 있을까요?
여러분의 생각을 적어보세요.

앞으로 어떤 곳에 양자 컴퓨터를 사용하거나 어떤 문제를
해결하고 싶나요? 여러분의 생각을 적어보세요.

단원목표

- 전래 동화의 내용을 현대의 기술 개념과 연결하여 사고할 수 있다.
- 녹색기술의 개념을 설명하고 종류를 열거할 수 있다.
- 녹색기술이 우리 생활에 필요한 이유를 설명할 수 있다.
- 탄소 포집 기술을 예를 들어 묘사할 수 있다.
- 쓰레기를 올바로 분리하여 배출할 수 있다.
- 일상생활에서 기후변화에 대응하는 법을 설명할 수 있다.

단원목차

읽어보기	마리 누나의 동생 찾아 3만 리 이야기	83
이해하기	녹색기술이란?	89
활동하기 1	녹색기술이 필요한 이유	91
활동하기 2	탄소 포집 기술 체험	93
활동하기 3	올바른 쓰레기 분리배출	99
활동하기 4	나도 할 수 있는 기후변화 대응	102

마리 누나의 동생 찾아 3만 리 이야기

마리의 집에는 엄마, 아빠, 마리, 그리고 세 살 된 남동생까지 네 식구가 살고 있었어요. 마리의 아버지와 어머니는 매일 일을 하러 가셨는데, 일을 가실 때마다 마리에게 동생을 돌볼 것을 부탁했어요.

"마리야, 오늘도 동생을 잘 부탁한다."

마리는 기쁜 마음으로 부모님께 답했어요.

"네, 그럼요! 제가 동생을 잘 돌볼게요."

그렇게 오늘도 마리는 동생을 돌보고 있었어요. 하지만, 사실 마리도 밖에 나가 놀고 싶었답니다. 마리는 큰소리로 숨바꼭질하는 동네 친구들을 부러운 눈길로 집 밖에서 쳐다보고 있었어요.

한참을 쳐다보던 마리는 문득 동생 생각이 들어 후다닥
집 안으로 들어왔어요. 그런데 이게 웬일일까요? 집 안에서
잘 놀고 있던 동생이 사라져 버렸어요.

"이걸 어쩌나, 이걸 어쩌나!
방금까지 여기 있던 아기가 어딜 갔지?"

놀란 마리는 동생을 찾으러 밖으로 뛰쳐나왔어요. 그런데 이때,
하늘에서 새가 푸드덕 날갯짓하는 소리가 들렸어요.
무심코 하늘을 올려다본 마리는 깜짝 놀라고 말았어요.

커다란 독수리가 글쎄 발톱으로 동생을 낚아채 날아가는 것이 아니겠어요? 마리는 동생을 구하기 위해 독수리가 날아간 곳으로 뛰어가기 시작했어요. 그런데, 이렇게 정신없는 와중에 마리를 부르는 목소리가 있었어요.

"마리야, 마리야!"

"응? 누가 이렇게 고통스러운 소리로 나를 부르지?"

마리는 소리가 난 곳을 쳐다보았어요.

"마리야, 내 몸에 붙은 불 좀 꺼줄래? 뜨거워서 곧 타죽을 것만 같아!"

불이 붙은 풀이 마리에게 말을 걸었어요. 착한 마리는 치마를 이용해 불을 꺼주었어요.

그리고는 풀에게 동생을 낚아챈 독수리의 행방을 물었지요. 자신을 도와준 마리가 고마웠던 풀은 독수리가 날아간 곳을 알려주었어요.

"방금 저 방향으로 갔어! 얼른 가면 동생을 구할 수 있을 거야."

풀을 구해준 마리는 지나가다 도움이 필요한 사과나무와 말도 구해주었어요. 마음씨가 착한 마리에게 사과나무와 말도 독수리가 날아간 곳을 일러주었지요. 마리는 그들의 안내에 따라 동생이 있는 곳까지 찾아갈 수 있었어요.

동생은 독수리의 주인인 마귀할멈의 집에서 잡아먹힐 운명은 모른 채 해맑게 웃으며 놀고 있었어요. 그 모습을 본 마리는 재빠르게 마귀할멈 집으로 들어가 동생을 데리고 뛰쳐나왔어요.

그 모습을 본 마귀할멈은 독수리에게 소리쳤어요.

"저기! 오늘 내 저녁거리가 달아났다! 얼른 그 아이를 찾아와! 찾아오지 못하면 널 저녁밥으로 먹어버릴 테다!"

독수리는 눈에 불을 켜고 마리와 동생을 찾아 날아갔어요.
독수리가 아무리 찾아도 마리와 동생은 보이지 않았어요.
결국 깜깜한 저녁이 되어
앞이 보이지 않았던 독수리는
포기하고 어디론가 날아가 버렸어요.
그런데 왜 독수리가 마리와 동생을
찾을 수 없었던 것일까요?

돌아가던 길에 만난
풀과 사과나무가 마리를
숨겨주었기 때문이에요.
도움을 받았던 식물들이
마리에게 은혜를 갚은 거였죠.

풀은 풀포기 속에,
사과나무는 무성한 잎사귀로
마리와 동생을 독수리 눈에
띄지 않게 감싸주었답니다.
그렇게 마리와 동생은
무사히 집으로 돌아갔답니다.

이 이야기는 오스트리아 동화 『마리 누나의 동생 찾아 3만 리』 이야기예요. 마리가 자연에 도움을 주니 자연도 마리에게 큰 은혜를 갚아주었죠?

자연을 보호하고 사랑하면 자연은 우리에게 더 큰 선물을 안겨줄 거예요. 녹색기술은 지구가 아프지 않게 자연을 보호하고 아껴주는 기술이랍니다. 마리는 아픈 지구를 보호하는 지금의 환경공학자라고 할 수 있겠네요!

녹색기술이란?

녹색기술은 무엇인가요?

흐린 부분 글씨를 따라 쓰면서 녹색기술이 무슨 뜻인지 알아봐요.

녹색기술은 지구의 자연을 지키고 환경을 보호하는 기술이에요.

구체적으로 어떤 녹색기술이 있나요?

태양열 에너지를 얻는 기술

출처: 한국에너지공단

자연에서 끝없이 나오는 태양을 활용해 에너지를 만드는 기술

플라스틱으로 옷을 만드는 기술

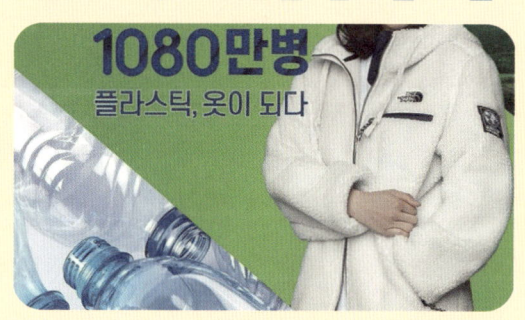
출처: 노스페이스

버려진 플라스틱을 재활용해 옷으로 재탄생시키는 기술

수소로 움직이는 자동차를 만드는 기술

출처: Freepik

석유가 아닌 수소를 연료로 사용해서 달리는 자동차를 만드는 기술

녹색커튼을 만드는 기술

출처: 나주시

자연 친화적인 건축을 위해 옥상이나 창문을 식물로 덮는 녹색 커튼을 만드는 기술

녹색기술은 어떤 효과가 있나요? 흐린 글씨를 따라 써보아요.

녹색기술은 다양한 일자리를 만들 수 있어요.

환경 오염을 막는 기술자, 친환경 제품을 만드는 개발자,
기후 변화를 연구하는 연구원 등 새로운 일자리들이 더 많아져요!

녹색기술은 우리나라의 힘을 키울 수 있어요.

녹색기술은 새로운 에너지를 만들 수 있어요. 에너지는 우리
생활 모든 측면에서 필요하답니다. 녹색기술을 통해
우리나라가 안정적으로 에너지를 사용할 수 있도록 도와줘요!

녹색기술이 필요한 이유

 지구의 기후 위기는 얼마나 심각할까요?

2022년 사람들이 인터넷 검색을 가장 많이 한 단어는 무엇일까요? 그리고 그렇게 생각한 이유를 자유롭게 적어보세요.

- **가장 검색을 많이 한 단어 :**

- **이 단어를 선택한 이유 :**

가장 많이 검색된 단어가 궁금하면 아래 모양에 스티커를 붙여 보아요.

2022년 인기 검색어를 살펴보아요.

2022년 인기 검색어 보기 - 대한민국

종합	뉴스/사회	인물
1 기후 변화	1 기후 변화	1 아베 신조
2 이상한 변호사 우영우	2 초단기 강수 예측	2 윤석열
3 초단기 강수 예측	3 이태원 사고	3 강수연
4 2022 FIFA 카타르 월드컵	4 우크라이나	4 송해
5 이태원 사고	5 스승의 날	5 손흥민

다음 그림들을 보며 기후 위기의 심각성을 이해해보아요.

출처: 환경부, 한국환경산업기술원

출처: 환경부, 한국환경산업기술원

그림들을 보고 느낀 점을 적어보세요.

탄소 포집 기술 체험

 탄소 포집 기술은 무엇인가요?

탄소 포집 기술이 무엇인지 궁금하면 흐린 글자들 위에 스티커를 붙여 보아요.

탄소 포집 기술은 공기 중에 있는 **이산화탄소**만 모아 **저장하는 기술**이에요.

<탄소 포집 기술 게임>

① 95, 97쪽 그림의 바구니 모양과 CO_2, O_2, N^7 그림도 모두 오리고 붙여서 준비해요.

② 두 명이 한 팀이고 한 팀에는 바구니, CO_2, O_2, N^7 그림 한 세트만 있으면 돼요.

③ 한 사람은 바구니에 CO_2, O_2, N^7 그림을 넣고 최대한 위로 올려요. 그리고 바구니를 흔들어요.

④ 나머지 한 사람은 바구니에 있는 틈 사이로 내려오는 CO_2 그림을 잡고 책상 위에 보관해요.

⑤ 가장 먼저 모든 CO_2를 책상 위에 보관한 팀이 승리해요.

 여기서 잠깐!

CO_2는 이산화탄소, O_2는 산소, N^7은 질소를 말해요.

탄소 포집 기술은 왜 중요한가요?

북금곰이 들려주는 탄소 포집 기술 이야기, 한 번 들어볼까요?

안녕? 나는 북금곰이야!
이제부터 탄소 포집 기술에
관해 이야기해줄게.
잘 들어줄 거지? 약속~!

이산화탄소는 지구온난화를
일으키는 대표 물질이야.
지구온난화는 지구가
뜨거워진다는 말이지!

이산화탄소는 공장에서도,
석유 자동차에서도 많이 나오는데
한 번 나오면 공기 중에
최대 200년까지 있을 수 있어.
그래서 이산화탄소를 얼른 없애야
나 같은 북극곰들이
건강하게 잘 살 수 있단다.

아래 그림을 색칠하고 오려서 탄소 포집 기술 게임에 사용해요.

바구니 그림에서 자르기로 적혀 있는 부분을
가위로 자르고 빗금으로 되어 있는 붙이기 부분에 풀로 붙이세요.
중간에 있는 틈들은 모두 오려주세요.

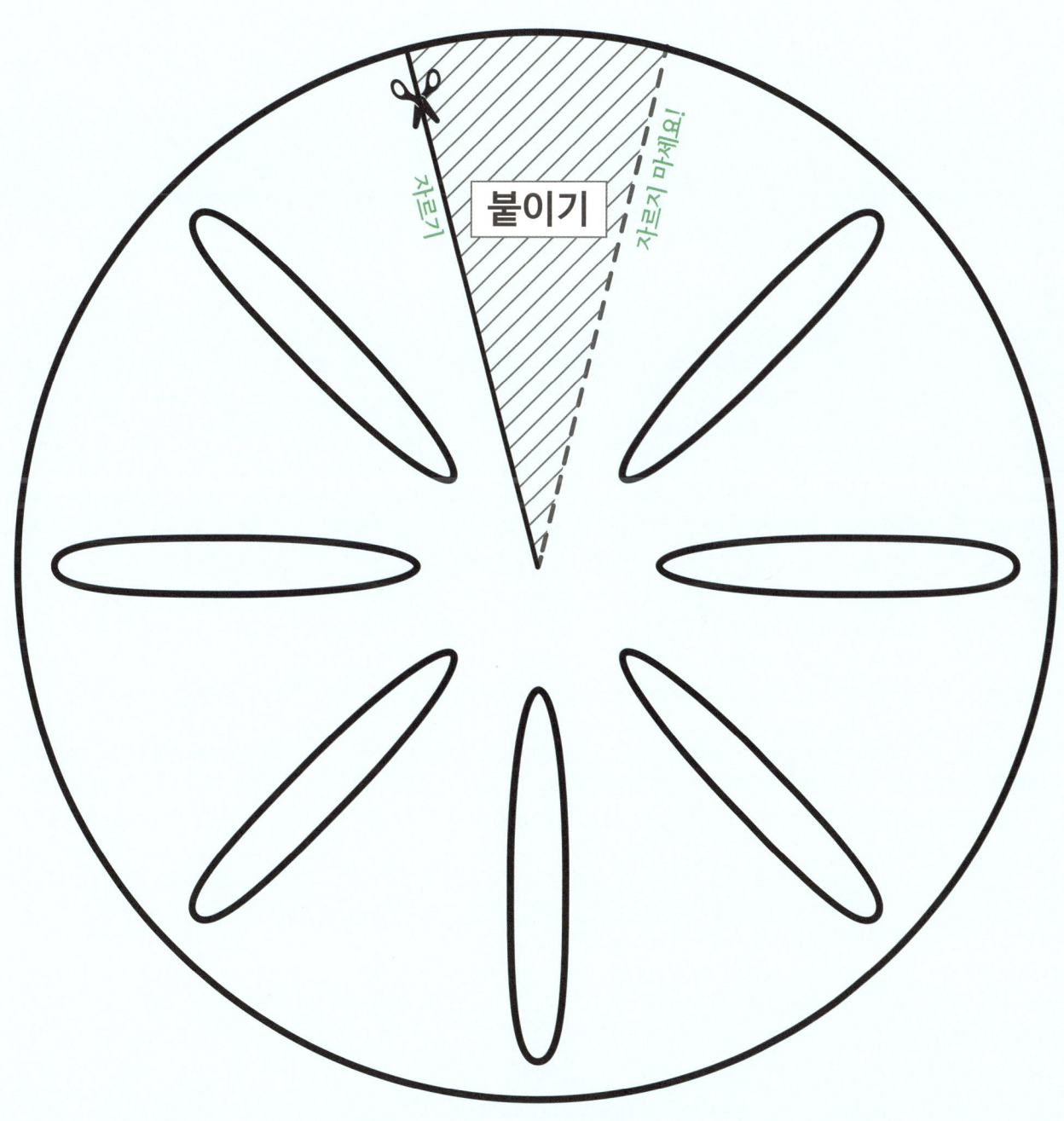

다음 페이지에서도 자를 것이 있어요!

아래 그림을 색칠하고 오려서 탄소 포집 기술 게임에 사용해요.

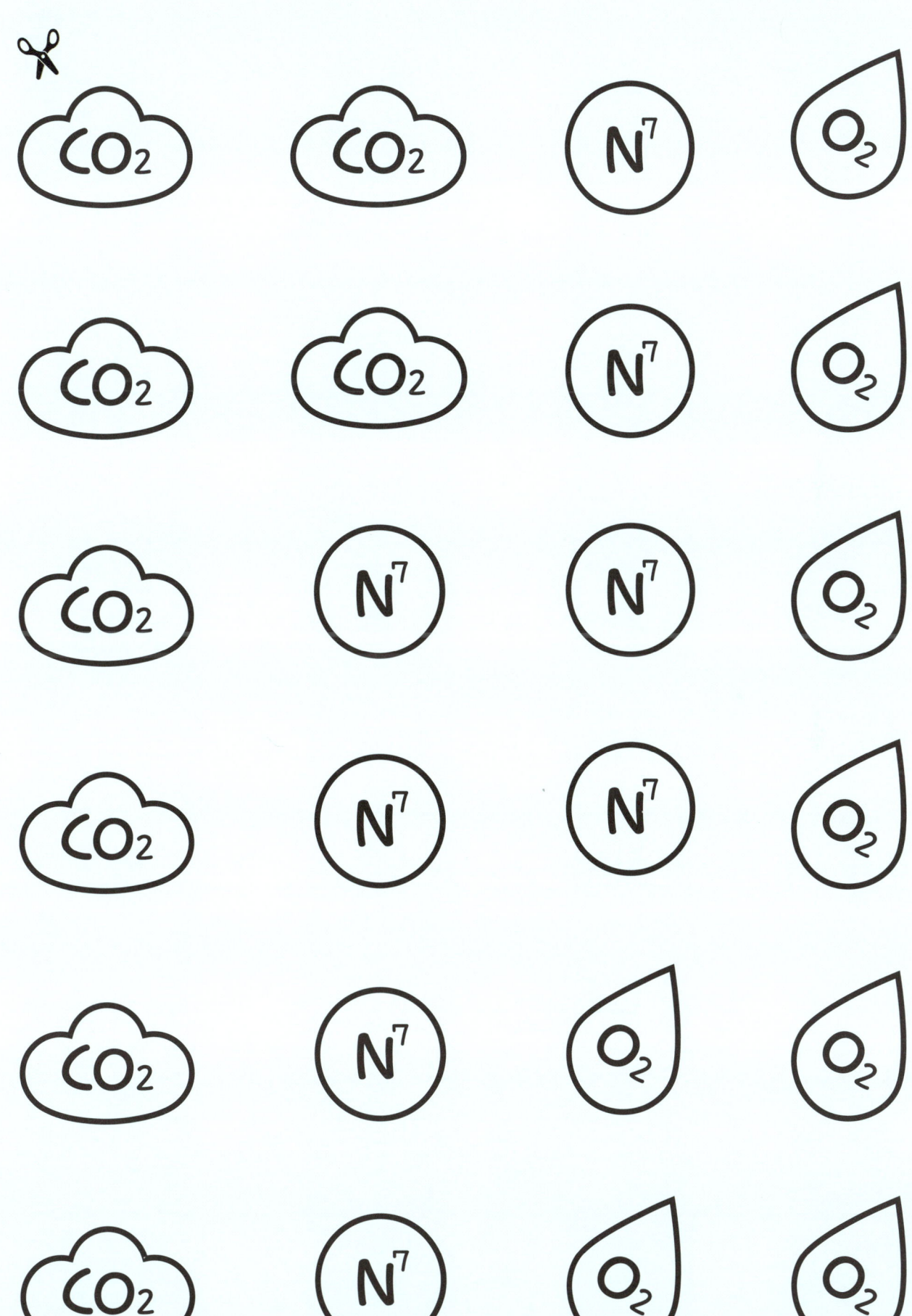

올바른 쓰레기 분리배출

 쓰레기를 잘 분리하고 버리는 방법을 알아볼까요?

쓰레기만 잘 버려도 깨끗한 환경을 유지하는 데 도움이 돼요. 흐린 부분의 글씨를 따라 쓰면서 쓰레기 버리는 법을 배워봐요.

출처: 환경부

페트병과 플라스틱 용기 안에 있는 내용물은 깨끗하게 씻어서 버려요.
페트병에 라벨이 붙어 있으면 떼서 버려요.

출처: 환경부

라면봉지, 과자봉지, 비닐봉지에 음식물이 들어있으면 버리면 안 돼요.
음식물은 버리고 깨끗이 씻어서 버려주세요.

1. 플라스틱류

출처: 환경부

컵라면 용기에 묻은 라면 국물은
물에 한 번 헹군 다음에 버려요.
테이프나 상표를 잘 떼고 버려요.

4. 유리병류

출처: 환경부

깨진 유리나 거울은 유리병류에 버리면 안 되고
종량제 봉투에 버려야 해요.
음료수병은 남아있는 것이 없도록 씻어서
버려요.

107쪽의 스티커를 떼서 올바른 쓰레기통에 붙여봐요.

부모님과 함께 쓰레기 분리 배출했던 경험이 있나요?
쉬웠는지, 어려웠는지, 어떤 느낌이었는지 적어봐요. 혹은
학교에서 쓰레기를 버릴 때 어디에 버려야 하는지 몰라서 당황했던
적이 있나요? 당시의 경험을 적어보세요.

나도 할 수 있는 기후변화 대응

 생활 속 작은 실천으로 기후변화에 대응해요.

일회용품이 썩는 데 얼마나 걸리는지 확인해봐요.

일회용품의 사용을 줄이려면 어떻게 하면 좋을지 적어봐요.

1. 텀블러를 가지고 다니면서 사용해요.

2.

3.

4.

물이 부족한 사람들이 점점 늘어나고 있어요.

물을 아껴 쓰려면 어떻게 하면 좋을지 적어봐요.

1. 양치할 때는 양치 컵을 사용해요.

2.

3.

4.

쓰레기의 화려한 변신! 얼마 쓰지 않았거나 깨끗한데 필요가 없어진 경우에는 '업사이클링' 해보는 게 어때요? 업사이클링은 쓰레기로 멋진 물건을 만들어내는 거예요. 업사이클링으로 만든 부채, 가방, 파우치를 살펴봐요.

출처: 환경데일리

버리는 물건들을 어떻게 업사이클링하면 좋을지 적어봐요.

1. 안 입는 옷을 잘라서 멋진 편지지를 만들어요.

2.

3.

4.

스티커 페이지

20 페이지

구동 장치　　센서 장치

제어 장치

23 페이지

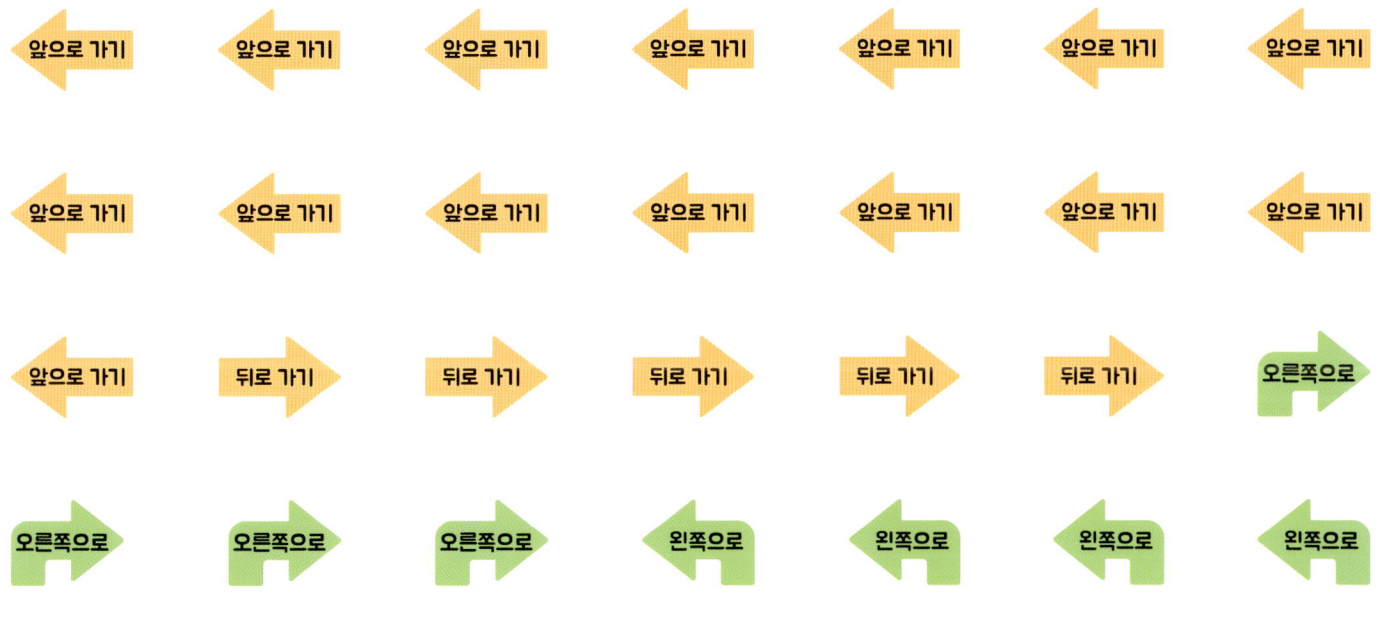

27 페이지

인공지능

91 페이지

기후 변화

64 페이지

고전 컴퓨터　　슈퍼 컴퓨터

양자 컴퓨터

93 페이지

탄소 포집 기술　　이산화탄소　　저장하는 기술

101 페이지

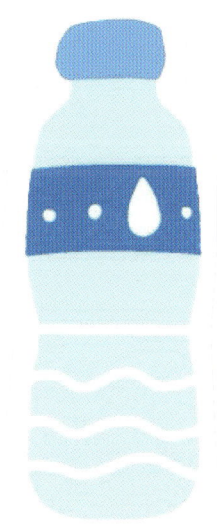
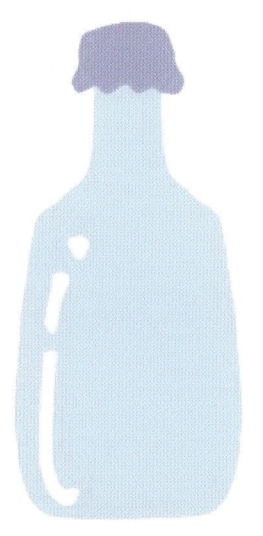

어린이 미래기술 놀이터 - Play & Think

2024년 9월 2일 초판 1쇄

지은이	박남제, 최은선
그린이	원채은
펴낸이	이정선
디자인	김연진
펴낸곳	라희북스
홈페이지	www.laheebooks.com
주소	서울특별시 마포구 성산동 620-2
등록	2022년 11월 09일 (제2022-000293호)
ISBN	979-11-981542-4-8 (63000)
정가	11,000원